Money錢

Money錢

決勝股市
關鍵**16**招

薛兆亨、Tivo168 合著

Money錢

目錄

自序與推薦序

Part1 投資入門

投資看起來很簡單，低買高賣就能獲利，但這也是投資新手最難處理的問題。想要投資獲利，除了要勤做功課，更要實際下單以累積經驗，找出最適合自己的操作模式。

Part2 存股策略

存股的目的是，長抱一檔好股票，透過每年領取股利，還有價差的增長，達成累積財富的目的。這種長期的投資策略，特別適合資金不多的小資族。一般來說，好公司的股票下跌時，正是入手的好時機，但還是要懂得判斷下跌的原因，以做為是否進場的依據，避免存錯股。

Part3 財報透視

價值投資人想要擴大自己的能力圈,找出會賺錢的股票,必須研究財報,了解一家公司的營運模式,找出獲利或虧損的主要原因。只要了解得越透徹,就能做出更正確的買賣判斷。當你無法看清楚一家公司的未來展望時,就必須果斷出場,這樣做才能成為股市贏家。

Part4 操作技巧

選股除了要看基本面和技術面，籌碼面也相當重要，如果能搭上法人、主力或企業作帳的順風車，就有機會享受到股價暴漲的巨額獲利。相反地，如果個股遭遇逆風，或是發展前景不明，也要懂得適時停利、停損，才能不被市場打敗，在股海中持續生存，賺取長期且穩定的報酬。

吸收過來人的經驗
強化個人投資能力

從1985年迄今，我經歷過14次的台股景氣循環，也看過很多個股及投資人的起起落落，我一直想將這些親自經歷過，或從朋友的操作案例中整理出來的經驗，分享給大家。

所有的案例事後來看，結局都是想當然耳，然而在那之前資訊不明、耳語不斷，好消息與壞消息同時出現，投資人要怎麼辦，該買還是賣，如何抉擇？

本書整理了16個自身及朋友的投資案例與大家分享，告

訴大家在那時遇到什麼狀況，當時的時空背景為何？決策者（我或是我的朋友）在當時是如何考量這些資訊，然後做出投資決策。不一定每次的決策都是對的，也許那個時點不要買或不要賣會更好。

但這些只是事後諸葛，大家都會說，然而在當時要做出那些決策其實很難。摩根・豪瑟（Morgan Housel）在暢銷書《致富心態》中提到，「你不是實際做事的人，所以每個工作看起來都很簡單。」搭乘時光機真正回到那個時空背景時，在旁邊比手畫腳的人，會如何做投資決策呢？

我們將這 16 個案例分為 4 個 Part 和大家分享：

Part 1〈投資入門〉共有 3 個案例，第 1 個案例要告訴讀者如何面對親友推薦的明牌；第 2 個案例要讓讀者知道，依照當初的資訊做決策就對了，雖然最後可能會大賺或大賠，但是投資多少也有運氣的成分在。第 3 個案例是要說明，一般上班族跟專職投資人，在做投資決策時所面對的壓力有相當大的不同。

Part 2〈存股策略〉有 4 個案例，藉由這些案例，我們要告

訴讀者，其實現在看起來不錯的存股標的，在另一個時空背景可能會讓你失敗，所以存股族必須分散投資以降低風險。另外就是當一些不可能發生的事情真的發生，影響到公司營收，投資人要怎麼辦？

這其實很難抉擇，而我的答案是依你對那家公司的了解程度，可能會有不同的應對措施。了解一家公司真的不容易，但是你越花時間去了解，越能夠擴展你的能力圈，投資是要花時間和精力去累積的。

Part 3〈財報透視〉的 3 個案例是要告訴讀者如何利用財報做投資決策，以及當前景不明時，要如何處理手上的股票。

在 Part 4〈操作技巧〉的 6 個案例中，我們建議投資人，遇到意外的社會事件時要如何處理，還有告訴讀者一些套利的方法，包括注意指數成分股的變動，可以在外資出手前提早布局；以及景氣循環股的操作方法。另外還有集團股在季底或年底作帳時要如何套利，可轉債的套利方法，以及遇到股市大跌時如何維持投資紀律。

分享以上 16 個經典案例，希望能夠對大家的投資決策有

所幫助。

　　我要感謝楊斯棓醫師、二兩、楊禮軒教官、豬力安及高科大林楚雄院長的指正，並幫忙寫推薦序。

　　最後我將本書獻給我親愛的爸爸和媽媽，他們在嬰兒潮的時候生下我，讓我可以經歷 14 次的台灣股市循環，才有這 16 個案例和大家分享。謝謝內人幫忙潤稿及校對。同時我要感謝《Money 錢》總編輯賴盟政及編輯部團隊的協助，讓本書得以出版。

薛兆亨

2021 年 6 月

善用 PDCA 循環
增進投資功力

個股投資很困難，我們經常做足功課預估公司獲利，卻在財報公布時發現公司獲利不如預期，但這筆投資竟然大賺出場；也曾準確估算出公司獲利數字，但股價卻文風不動，甚至持續回檔。不確定性（運氣）也是投資獲利的影響因子之一，但你可曾想過應該怎麼做，才能改進自己的投資績效嗎？

其實利用企業界經常運用的一套目標管理流程 PDCA 循環，透過計劃（Plan）、執行（Do）、檢查（Check）、行動

（Act）循環，就能逐步改善投資績效。首先要選定投資方法（計劃、策略），依據這個投資方法試單，接著檢討投資方法與績效，邊執行邊改善，反覆確認這是有效的投資方法，最後才是放大投資部位進而擴大投資獲利。藉著不斷地透過計劃、執行、檢查及行動循環，才能改進自己的投資績效。

本書從投資入門、存股策略、財報透視到操作技巧 4 個面向，舉出過去 20 多年我們認識的投資同好發生的真實案例，並將這些案例適度改寫，從中挑選出 16 個最有啟發性的真實故事與讀者分享，希望能對大家進行投資決策時有所幫助。

怎麼閱讀本書呢？你可以想像自己是故事中的主角，讀到轉折或要做決策時就闔上書本，停下來想一想，你會怎麼做，想清楚後再繼續閱讀，接著看看這些投資贏家的決策過程，與自己的投資思考有什麼異同。看完一個投資故事後，停下來想一想，從故事中獲得什麼體驗，看見什麼價值，以後怎麼做才會更好。如果你也有愉悅或血淚的投資案例，非常歡迎你到臉書社團「Alpha168 超額報酬一路發」跟社友們分享你的投資故事。

將理論與實務完美結合
打造投資致勝方程式

林楚雄 國立高雄科技大學財金學院前院長

「**高**報酬高風險」是投資的鐵律。投資人想要獲得高報酬，必須承擔較高資產價值波動的風險。我在大學教授財務投資相關課程近 30 年，根據投資學教科書教導學生如何在控管風險下，獲取較高報酬的理論。

　　然而，光靠理論尚不足以在金融市場上獲取較好的投資績效。事實上，如何將理論應用在實際投資以獲取較高的報酬，並不是一件容易的事。我昔日同事，也是本書作者之一的薛兆亨教授，是少數能將財會理論應用在投資實務，並達

到財務自由的學者。

《決勝股市關鍵16招》一書的重點是，一般投資大眾面對股市的不確定性時，該如何做出正確的投資決策，以提升投資績效。本書最大特色在於，內容切中投資問題的核心，提供了決勝股市的明確指引。例如〈投資入門〉篇中的第1招就點出了很多投資人喜歡聽明牌買股的核心問題：對於所買的公司並不熟悉，也不清楚買進和賣出股票的理由，導致常發生買進就套牢的困境。

當聽到明牌想買進時，書中具體建議，必須先做好基本功，仔細分析、了解公司體質以及買進賣出的理由。當投資人了解公司夠深時，才能放心投資，而該停損時也才能毅然決然做出正確的決策。這些指引或建議雖然簡單易懂，卻無法只從理論中獲得經驗或知識，而是必須經過實戰投資才可獲得成功的心法。

本書用實際案例來解說，指出投資成功的關鍵要素，讓讀者更容易吸收與應用，是一本難得的實戰投資教學書，希望這本好書能造福更多的投資大眾，早日實現財務自由。

押寶未來猴王
做個股市贏家

楊斯棓 《人生路引》作者 ‧ 醫師

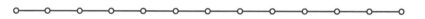

具會計師資格的薛兆亨教授著作等身，他與 Tivo 老師合著的《五線譜投資術》對我啟發甚深，我 42 歲得以退休，其中一個重要關鍵就是習得五線譜的奧妙。

身邊不乏有朋友買元大台灣 50（0050），但他們不見得理解 0050 的個中三昧。0050 有一種買法：用五線譜來看，如果出現負 2 個標準差時，就是很好的買點，若出現正 2 個標準差時，就是很好的賣點，低買高賣，這是賺價差。

另一個比賺價差更好的買法是，每個月查一下 0050 的價

格，如果出現負 2 個標準差（甚至更低），就把可支配投資的金額全數投入，只買不賣，直到 65 歲。65 歲之後，如果花費不多，靠 0050 的股息或許就足以平衡收支。

投資 0050 可視為買下一整個猴園，你買 0050，等於買下最強 50 隻猴子。然而《買下全世界》這本書提醒投資者別犯了家鄉偏誤：只投資本國，與世界脫鉤。這個觀念打通之後，你就知道美股 VTI、VT 是比 0050 更好的標的。

然而，確實有極少數人在買賣個股上，能獲得比持有上述 ETF 更好的績效。讀者可以試著持有 70% 的 ETF 組合，用 30% 的現金去操作個股。如果 10 年後，個股的績效優於持有 ETF，或許可據此調高個股操作的比例，反之則該回歸 ETF。

個股的買賣若想做出成績，等於得看出哪隻猴子將能成為猴王，在其尚未成氣候時開始下注，待其茁壯，等到牠號令天下，如日中天時，再一舉賣掉，落袋為安。

投資日久，越發敬畏天地。感謝這條路上能結識薛兆亨教授與 Tivo 老師，他們筆下無論對於猜中猴王或持有猴王，都有相當發人深省的精彩論述。

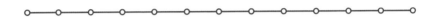

學用並行
提升投資等級

二兩 專職投資人

曾有人寫道:「能讓人印記在心,多年難以抹去,是那曾經投注極大心力去追求,沒得到花開結果的一段往事,而那平順歲月種種,卻已不復記憶。」戀人如是,投資如是!本書中 16 個投資案例,恰也記述著敝人經歷過的兩回驚嚇。唉!如換作驚喜多好啊!

近年投資意識興起,對於參與財富的機會,熱情滾滾,滑一下手機,FB 一文,line 上一言,就興匆匆地快意買賣,如雪泥淺留鴻爪,十年下來,也難留下深刻有用的經驗痕跡。

做投資，若能用心去了解公司營業內容，細讀財報，往前回溯 8 年，再細琢現況，推估往後幾年，那麼將來只要瞄一眼企業公告的營收獲利、近況報導或突發事件，一對照股價，即可快速思索對應決策。

簡言之，投資的前期工作是企業資訊收集、財報研究的慢工細活，當下是快狠、但不一定準確的投資行動，加起來就是一次次投資經驗的成長累積。

面對變化無窮的環境，能促使投資人不斷提升資訊收集分析，做出決策與果敢行動的能力。除此之外，股價多空循環不息，激發投資人興奮或挫折的情緒，要管理 EQ，磨練挫折忍受力，來投資市場做「重訓」，肯定會等級提升！

作者多年用心收集這些案例，可供讀者設想自己是當時主角，依自己的個性與想法，用怎樣的方式應對。個案閱讀是讓人先在紙上預見，若下次親身遇見，如打好疫苗識別病毒，以備需要時果敢行動，也做好提得起放得下的心理準備。投資之路，遭遇困難越多，經驗就越多，閱讀越多，思慮越周全，學用並行，年輕是滾雪球的大本錢！

多學、多看、多操作 投資不怕遇難題

楊禮軒 算利教官 專職投資人

薛兆亨與 Tivo 都是我的好朋友，也是我投資路上學習的榜樣，薛教授本身具有會計師及證券分析師執照，所以若是對財報有任何疑惑，只要跟教授請教，必能迎刃而解。而 Tivo 是很早就將自己的投資方法，用資訊軟體轉化成各種視覺化的資訊。我也是認識 Tivo 後才知道，原來股市的資訊與數據不需要一筆筆 key 進去，透過爬蟲程式可以自動化蒐集與管理龐大的資訊量，也有助於從 1,700 多檔上市櫃公司中快速篩選並找出特殊態樣的個股。

兩位作者在新書《決勝股市關鍵 16 招》中，羅列了 16 種投資時所面臨的真實困境，比如一家公司面臨政府的法律訴訟，該將它視為可趁機入手的「黑天鵝事件」還是大利空？企業高階主管帶走客戶，是危機還是轉機？

　　另外，以 Part 2〈存股策略〉中第 5 招提到的台汽電（8926）為例，我就是趁那次利空，以 20.1 元的價位大幅買進，目前股價接近 40 元，2020 年度配息 1.9 元，以投入成本計算，年股息收益率高達 9.5%。

　　同時，這本書也教我們，如何分析企業營運衰退是短期性或長期性的因素，若資本投資是為了創造未來營收和獲利的成長，通常是屬於短期性的因素，因為新廠房設備投產後，就會提列大量的折舊，若是營收成長幅度低於折舊的增加幅度，就會產生衰退的情形，此時可以評估折舊年限與預估何時折舊可攤提完畢。折舊攤提完畢後，因為折舊費用減少，在相同營收狀況下，通常就會讓 EPS 有所提升，。

　　這是一本即使股市新手也能輕鬆閱讀的投資好書，學會了書中的 16 招，相信投資功力可以勝過股市 9 成的散戶。

投資不求跑得快
但要跑得遠

豬力安 親子理財專家

如果我沒記錯,最早得知薛教授大約是在 2007 年,在網路上爬文學習財務分析時,才發現有這麼一號人物,不僅理論與實務兼具,又無私分享專業知識,造福大眾。

幾年後,因緣際會參加薛教授在台北市永福樓的「華山論劍」投資餐會,終於有機會和教授面對面交流,更因此認識了許多投資高手,教學相長,滿載而歸!

多年來,薛教授一直熱心寫作推廣正確的財務與投資觀念,用深入淺出的文筆,將艱澀難懂的理財與投資專業轉化

為平易近人的故事。我自己為人父之後，這幾年也開始關注與投入理財教育，更深刻體會要將複雜的知識轉化為連兒童也能理解的概念，實在是不容易的事情！

格外讓人印象深刻的是，教授在投資獲利之餘，常以獎學金提攜學子後進，還不忘提醒投資同好回饋公益，身教態度令人由衷佩服！

欣聞教授新書《決勝股市關鍵 16 招》即將出版，有幸在第一時間拜讀初稿，深感榮幸。因為常有朋友請教我對於「存股」的看法，本書 Part 2〈存股策略〉中點出了坊間對於存股的一些迷思，令我心有戚戚，值得大家一讀。

2020 年因為新冠肺炎疫情，全球股市意外創下歷史新高，造就了許多「少年股神」。然而我認為投資是一場馬拉松，不求跑得快，但要跑得遠。對我來說，投資除了追求獲利、更要心安，用睡得著的投資方式，才能穩健長久。

教授在本書中一再耳提面命，當前景不明時，一切以穩健為原則，相信讀者們在此不僅能找到投資獲利的明燈，更能找到投資平安的祝福！

Part 1

投資入門

投資看起來很簡單，低買高賣就能獲利，但這也是投資新手最難處理的問題。想要投資獲利，除了要勤做功課，更要實際下單以累積經驗，找出最適合自己的操作模式。

第❶招 ▶ 親友推薦的明牌 到底可不可以買？

第❷招 ▶ 努力研究股票 為何賺不到錢？

第❸招 ▶ 決定專職投資 持股大跌怎麼辦？

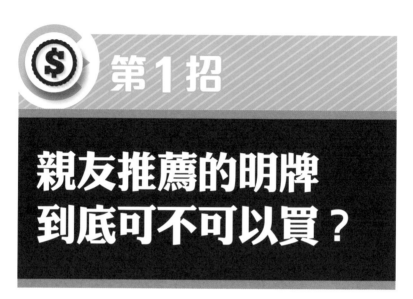

第1招

親友推薦的明牌
到底可不可以買？

很多投資人喜歡聽明牌買股，卻不知道
投資這檔股票的基本知識。提供你明牌
的人想要賣出時，可能忘了或無法告訴
你，最後造成的損失，你只能自己默默
承擔。

大華（9905）
營收負成長 高點買進慘被套

　　2015年寒假結束，我回到高雄科技大學，有位同事對我抱怨，他在2014年4月底跟朋友老李聊天，看有沒有哪家公司可以長期投資。老李跟他說，有一家公司盈餘持續成長，股息也年年增長，殖利率高於5%，是一家好公司，當時股價由42元跌到38元，可以考慮買進，於是他便在38元買入，結果卻被套牢至今。

　　老李說的好公司是大華（9905），我調了一下大華金屬2014年3月公布的2013年第4季每股盈餘（EPS），果然較前4季增長，再觀察大華前幾年的表現，發現公司從2009年之後盈餘就持續成長，而且現金股息也是連續5年增加，基本面看起來確實相當不錯。

　　但是到了2014年4月，營收又轉成負成長，5月公布的2014第1季盈餘年增率呈現負值。這對於已經買入股票的人來說，要怎麼辦呢？

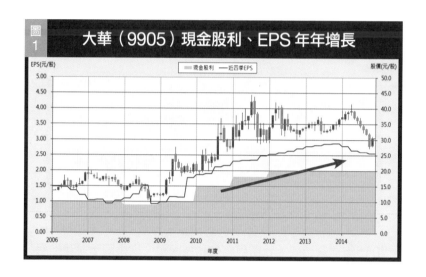

圖1　大華（9905）現金股利、EPS 年年增長

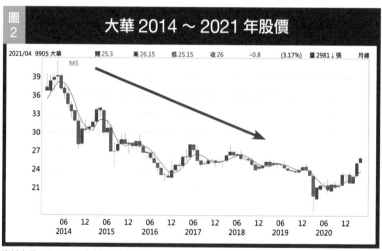

圖2　大華 2014 ～ 2021 年股價

資料來源：CMoney法人投資決策系統

 後續發展

　　大華在2014年5月公布當年度第1季的盈餘，表現不甚理想，而且營收年增率呈現負數（見圖3），老李就在股價37元的時候認賠賣出，但他卻忘記告訴我同事，他已經先停損。結果，我這位同事在38元買進之後就套牢至今，期間最低曾經跌到18元（2020年3月），現在回到26元附近（2021年6月），而且中間共計配了8.7元的現金股息……説不定再過幾年就有機會可以解套。

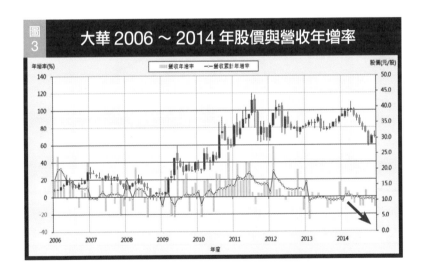

圖3　大華 2006 ～ 2014 年股價與營收年增率

　　我們從圖4可以看到，大華的獲利從2015年起持續下滑，直到2020年後才止穩，2015到2020年間，配息金額分別是：2元、1.5元、1.5元、1.7元、1元、1元，共配了8.7元，以買進成本38元來看，扣除股息後，目前成本下修到29.3元，而2021年6月份的股價為26元，仍然損失3.3元，以每年1.5元或1元的股息來計算，可能還需要再過3～4年才會回本，這就是高點買進不停損的代價。

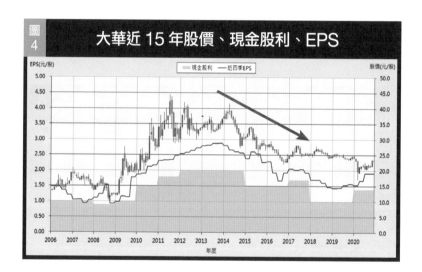

圖4　大華近15年股價、現金股利、EPS

聽到明牌想買進
記得先做基本功

你告訴別人某檔股票看起來不錯，但你賣掉的時候，可能已經忘記曾經和誰討論過這檔股票。你報了明牌給他，卻忘了告訴他何時該賣出，他就會記著這件事很久。他賺了錢不會感謝你，賠錢就有可能會記得你。

所以除非是合法的股票分析師，否則最好不要在臉書上張貼推薦個股，或者告訴別人可不可以投資，因為時空環境會改變，你根本來不及通知每個人。

聽明牌的人如果不了解這家公司的本質，也不清楚買

進和賣出的理由，其實效益不大。如果聽了明牌買進，甚至開槓桿融資買進，也是賺一點就跑，而賠了如果沒有適時停損，最後可能長期套牢，融資買進者甚至被斷頭出場。

如果聽了明牌只是買一點點，那麼有操作等於沒操作，無法從投資獲取足夠的利潤，倒不如存定存。因為假設你有 100 萬，結果只投資 5 萬元，縱使獲利 20% 也只有賺到 1 萬元，相對於你的總資金僅占 1%，倒不如把錢放在銀行定存，賺取相對穩定的利息，不必擔心股價漲跌。

💲 安全邊際超過 20% 才能安心投資

通常股市熱絡時，周邊的親戚朋友會開始討論股票投資，並四處打探明牌，然而這時候其實已經沒有多少便宜貨了，看財報選股只能挑出體質不錯的標的，真正買進之前還是要評價，找到便宜貨才能投入，通常價值投資者要有一定的安全邊際才會買進。

首先價值投資者會針對投資標的進行評價，找出這家

公司的內涵價值，用本益比或殖利率來評價，都是不錯的方式，評價完後就可以找出這家公司的內涵價值，而目前的股價與內涵價值間的差額就是安全邊際。

安全邊際通常要有 20% ～ 30% 以上，投資才會比較安全。為什麼？因為萬一你估計錯誤，導致內涵價值的評價太高，可能產生虧損，這個安全邊際就是防止評價估計錯誤的緩衝，可以讓你減少損失。

另外，價值投資者在股價反應內涵價值時通常就會獲利了結，所以安全邊際可能就是你的潛在報酬，如果安全邊際只有 5% ～ 10%，那你的潛在報酬可能太低，相

小辭典

安全邊際

安全邊際（Margin of Safety）是指股票價格與企業內涵價值之間的差距，內涵價值比股價高出越多，安全邊際就越高，投資風險相對越低。

價值投資者必須能夠評估一檔股票的內涵價格，例如某檔股票上一季的每股盈餘是3元，合理本益比是10倍，合理的內涵價格就是30元（3元×10倍），假設目前股價是20元，中間的差額10元就是安全邊際，將10元除以30元，得出的數值33%即為安全邊際率。安全邊際率通常要超過20%，投資才會比較安全。

對於可能的風險，報酬風險比太低（即報酬相對低、風險相對高），不是一項睿智的投資決策。

以本例來說，由於大華的盈餘及股息持續成長，基本上一開始可以將這檔股票視為成長股，2013 年全年度 EPS 為 2.88 元，以股價 38 元計算，本益比為 13.19 倍，而大華的本益比區間最高平均約 15 倍，最低平均為 12 倍，13.19 倍並不便宜，只有盈餘及股息能持續成長，才有推升股價的動力，但是當盈餘及股息不再成長時，13.19 倍的本益比顯然偏高，安全邊際不夠，既然當初買進的理由不再，只能停損賣出。

⑤ 了解公司體質及買進賣出的理由

明牌沒什麼不好，就像你會從報章雜誌或網路看到個股介紹一樣，明牌也是一個擴張能力圈的來源，可以擴大你的投資視野，但是當你獲得明牌時，就必須對這家公司好好分析，了解它的體質，以及買進賣出的理由，了解得夠深才能放心投資，買得夠多才會抱得牢，該停損時也才能毅然決然地做出正確的決策。

如果你不去了解這家公司的體質及買進賣出的理由，不是在太高點買進變成人家出貨的對象，縱使便宜買進，你也獲利一點點就會賣了，而無法抓住難得一見的獲利機會，這就是散戶都是小賺大賠成為股市沙丁魚的原因。

第2招

努力研究股票
為何賺不到錢？

投資決策是根據你事先掌握的資訊而定，如果最後的結果比你估計的還好，可能會有巨額的獲利，如果比你估計的還差，甚至完全相反，可能會讓你大虧。但一切都有例外，因為投資還是有少許運氣的成分存在。

聯華食（1231）
獲利不如預期 投資人竟大賺出場

2011年8月，聯華食（1231）的股價從近50元開始下滑，當月最低跌到36元以下，當時近4季每股盈餘（EPS）達3.54元。有位投資達人孫先生認為，聯華食的本益比不高，就開始在38元買進，我和很多朋友也跟著買進。

2011年12月，聯華食第3季財報公布，每股盈餘僅有0.52元，比去年同期的0.85元大幅衰退，股價最低跌到31.2元，所有跟單買在38元的朋友，全都大賠出場。

但孫先生不但沒有賣出，還持續往下加碼，2個月後，股價漲到38元，他大賺出場。我呢？38元買進，38元賣出，沒有賠錢，但跟單的朋友都虧損20%以上。

故事還沒完，之後，聯華食設立新廠，市場看好它未來的前景，2013年第1季財報公布，每股盈餘0.91元，比前一年同期的0.66元大幅成長近38%。我有個朋友小李說，他在38元買進，等產能開出來後，每股可以賺到5元，目前38元很便宜，至少會漲

到50元以上。

　　小李很認真，每次去超商就去看御飯糰、御便當後面貼紙的生產廠商，推估聯華食生鮮食品的市占率，所得的結果讓他很有感覺，他就進場重押。那麼，我應該跟著買進嗎？

 後續發展

　　有上次經驗，在2011年12月被小小套牢後，我這次只小小跟單幾張，但2013年5月股價到了40幾元，我就小賺跑了。到了2013年7月，我那個朋友小李參加為時一週的斷食營，有很長一段時間無法接觸市場，他就在股價56.8元時全部賣出，報酬率達50%，當時股價也符合他先前的預期。

　　後來的故事更好玩了，聯華食8月公布的第2季每股盈餘為0.41元，11月公布的第3季每股盈餘為0.35元，完全沒有如小李的預測──每股盈餘逐季提高。到了2013年11月，聯華食的股價最低跌到34.2元。

　　這是個美麗的錯誤嗎？小李預估錯誤卻大賺。

　　不過，2014年後，聯華食的營收持續成長，到了2015年，每股盈餘也恢復成長，2015～2019年的每股盈餘分別為2.41元、3.07元、2.54元、3.26元、3元，2020年第3季近4季每股盈餘為3.64元，表現相當不錯，新廠效能也完全發揮，不過每股盈餘從來沒有達到小李預估的5元。

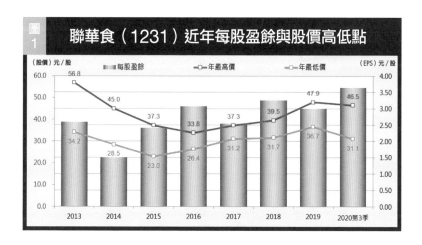

圖1 聯華食（1231）近年每股盈餘與股價高低點

從下圖可以看到，2013年近4季每股盈餘由高檔的3.25元持續下滑，到了2014年，全年度盈餘僅有1.5元，股價也從2013年7月的高點56.8元，跌到2015年第3季約23元，然後才反彈，但再也無法突破50元了。

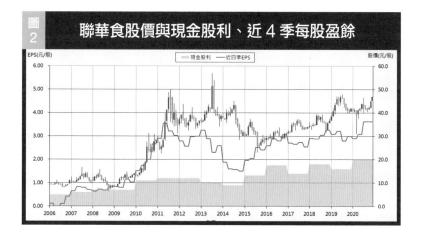

圖2 聯華食股價與現金股利、近4季每股盈餘

做足功課分析
結果卻不符預期

　　便利商店的業績持續成長，生鮮食品及熟食很受年輕人喜愛，聯華食掌握這個趨勢做御飯糰、御便當，而且持續擴廠，有可能成為未來的明星。不過投資人必須小心確認，這個市場是否能持續成長，要觀察聯華食的市占率是否被侵蝕。這些是財報尚未公布前，投資人必須做好的功課。

　　上述那位朋友很努力，每天都到超商去看御飯糰及御便當的生產廠商是否為聯華食，覺得安心後，最後進場重押。這種實事求是的精神，是投資股票必須有的態

度。然而有些因素你無法掌握，這是風險所在，但這個
案例是以喜劇收場。

 運氣有時也會決定投資成敗

　　一般投資人看到聯華食 2013 年第 1 季的每股盈餘是
0.91 元，遠高於前一年同期的 0.66 元，又看見便利商
店生鮮熟食熱賣的大趨勢，一定會想進場買股票。

　　所以在財報公布後，用 42 元買進聯華食的股票，很
合乎常理，而且預估每股盈餘會逐季成長，將達到 5 元

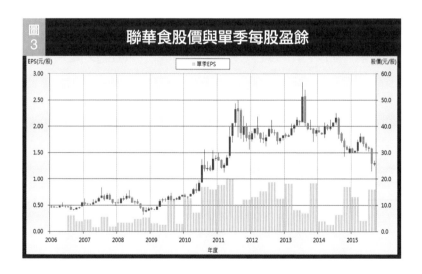

的水準；抑或保守估計，用 0.91 元乘以 4，預估當年每股盈餘也有 3.64 元，股價 42 元也不貴。

但隨後悲劇發生，2013 年第 2 季的每股盈餘僅有 0.41 元，比前一年同期的 0.77 元大幅衰退，此時才發現過去的預估太過樂觀，必須停損賣出。如果在 2013 年第 2 季財報公布後的 8 月賣出，當時的股價在 41～42 元，等於沒有獲利或小賠出場。

我那位朋友小李因為必須離開市場一週，所以選擇獲利了結，而且命運之神也真的眷顧他，讓他大幅獲利出場，避開事後的崩跌。

從這個故事來看，投資的確不簡單，不是努力就一定有成果，有時預期與結果會背道而馳。而且投資其實有一部分是靠運氣，多做善事、廣結善緣，也是投資人應該做的修行功課。

NOTES

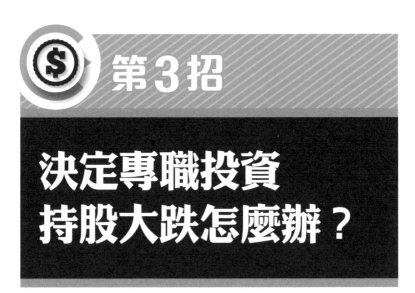

第3招

決定專職投資
持股大跌怎麼辦？

很多人都想早點達成財務自由，之後就
可以改當專職投資人，不僅不用上班，
還可以遊山玩水。但專職投資人要承受
很大的壓力，不是每個人都適合。

股票故事

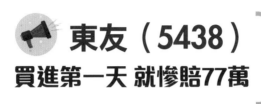

東友（5438）
買進第一天 就慘賠77萬

我有一位好朋友小張，很年輕時就決定辭掉工作，要當自己的老闆，不再為資本家做事，於是他開始大筆投資，並發現東友（5438）這檔股票。

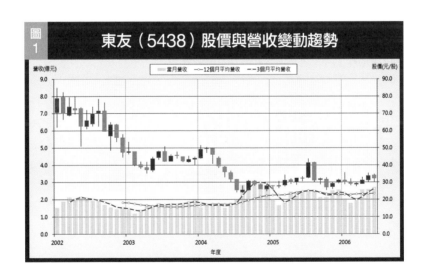

圖1

東友（5438）股價與營收變動趨勢

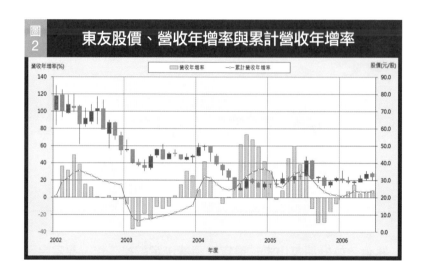

東友2006年6月的營收達到近18個月的高點，但股價僅30元，比前一年7月的35元還低，更比2004年1月的高點43元低很多。

不過，東友從2005年7月後，營收年增率連5個月負成長，直到2006年1月，才開始連6個月正成長。

2005年財報公布以後，毛利率近30%，稅前淨利率15.4%及稅後淨利率12.9%，都比前一年進步。

表1 東友盈餘結構分析				
年度	2002	2003	2004	2005
毛利率	36.8%	38.9%	29.8%	29.4%
營業費用率	14.4%	17.4%	13.8%	13.9%
營業利益率	22.4%	21.6%	15.9%	15.5%
業外收支率	-1.9%	-1.5%	-3.3%	-0.1%
稅前淨利率	20.5%	20.0%	12.6%	15.4%
稅後淨利率	17.4%	16.5%	10.8%	12.9%

表2 東友重要財務數據				
年度	2002	2003	2004	2005
稅前淨利（百萬元）	451	401	336	421
每股盈餘（元）	5.40	4.22	3.32	3.66
ROE	—	29.7%	24.3%	26.5%
營業活動現金流量（百萬元）	—	257	478	324
自由現金流量（百萬元）	—	30	1089	64
負債比率（百萬元）	53.63%	56.70%	46.08%	44.09%

　　東友2005年每股盈餘（EPS）為3.66元，以30元的股價來看，本益比不到10倍，而且股東權益報酬率（ROE）為26.5%，相當不錯，營業活動現金流量及自由現金流量都是正數，負債比率逐年下滑，財務數字都很好。

　　小張在2006年6月的第3個交易日，以34.5元買進350張東友股票，結果當日收盤價32.3元，比小張的成本還低了2.2元，他賠了近77萬元。

　　收盤後小張愣了許久，不敢回家告訴老婆，就開車在市區晃，然後去圖書館看報紙，那天對他來說真是度日如年的一天。

　　如果是你的話，你會怎麼辦？

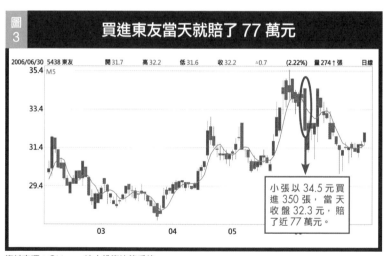

圖3　買進東友當天就賠了 77 萬元

| 2006/06/30 5438 東友 | 開31.7 | 高32.2 | 低31.6 | 收32.2 | △0.7 | (2.22%) | 量274↑張 | 日線 |

小張以 34.5 元買進 350 張，當天收盤 32.3 元，賠了近 77 萬元。

資料來源：CMoney法人投資決策系統

後續發展

　　即使第一天買進就大跌，小張還是忍住沒賣，1年後股價漲到
60幾元，他靠這檔股票賺了870萬元。

　　其實小張的判斷相當正確，買進之後，東友不論是每股盈餘和
現金股利都持續成長，既然如此，就繼續抱著。

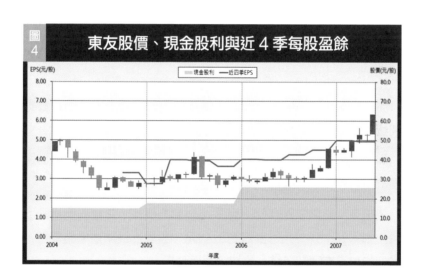

圖4　東友股價、現金股利與近 4 季每股盈餘

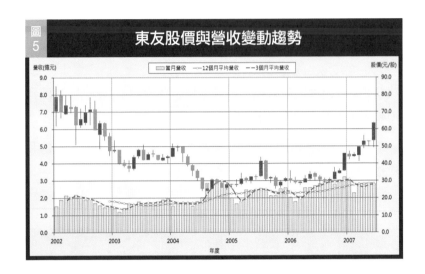

圖5 東友股價與營收變動趨勢

而且東友年度營收屢創新高，追蹤財報的投資人，通常都會等到營收或財務數據變差後，才獲利了結。

到了2007年，東友3～6月的營收年增率雖然是正數，但已連續4個月持平，無法成長，因此小張就賣出了。

後來東友股價在2007年8月漲到74元的高檔，之後股價持續下滑，到了2013年8月甚至跌到8.75元，股價也長期在低點盤整。當初如果沒有獲利了結，可能會長期套牢。

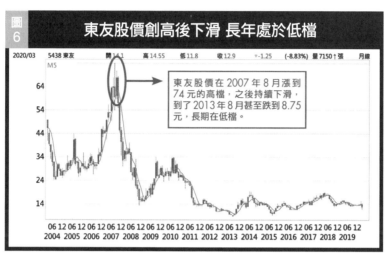

圖6 東友股價創高後下滑 長年處於低檔

2020/03　5438 東友　　開14.1　　高14.55　　低11.8　　收12.9　　▽-1.25　　(-8.83%)　量7150↑張　　月線

東友股價在2007年8月漲到74元的高檔，之後持續下滑，到了2013年8月甚至跌到8.75元，長期在低檔。

06 12 06 12 06 12 06 12 06 12 06 12 06 12 06 12 06 12 06 12 06 12 06 12 06 12 06 12 06 12 06 12
2004 2005 2006 2007 2008 2009 2010 2011 2012 2013 2014 2015 2016 2017 2018 2019

資料來源：CMoney法人投資決策系統

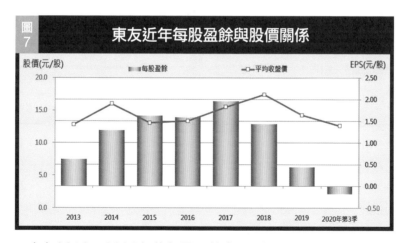

圖7 東友近年每股盈餘與股價關係

股價(元/股)　　　■每股盈餘　　□平均收盤價　　EPS(元/股)

2013　2014　2015　2016　2017　2018　2019　2020年第3季

　　東友2013～2020年的每股盈餘在0.44～1.96元之間，到了2020年第3季，近4季每股盈餘甚至是負數，無法回到2007年5元的水準。獲利不好，股價的表現自然不佳。

從2013年開始採用IFRS會計準則以來，東友長期營收年增率持續下滑，股價也都在低檔盤整。

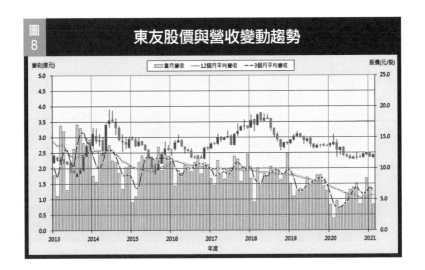

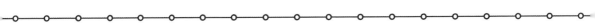

只要基本面沒問題
股價仍會漲回來

價值投資者會先評估股票的內涵價值，當股價低於內涵價值後買進，等股價回升後獲利了結。而內涵價值與股價就好像老人與狗，股價有時候會漲很高，遠離內涵價值，之後再往內涵價值靠近。但也可能往反方向走，使股價落後內涵價值，要等很長時間才會回升到內涵價值附近，讓投資者內心十分煎熬。

就像小張一樣，他找到相對低檔的位置買進，股價卻不升反跌，在一般狀況下，價值投資者會耐心等候股價回升到內涵價值附近再做打算。但小張剛辭掉工作，成

為專業投資者，投資收入是他養家的來源，所以一旦賠錢，收入斷炊，他的壓力就比有工作的投資人更大。如果無法承受這樣的壓力，可能做出錯誤的決策。因此專職投資人除了要有專業能力，還必須有比一般投資人更高的 EQ，否則無法維持操作績效，甚至產生虧損。

小張成為專職投資人的第一天，就遇到股票下跌的無情打擊，還好撐過去了，才有豐厚的成果。

$ 一旦財務數據轉差 必須盡早賣出

價值投資者通常會在股票被低估時買進，也就是本益比相對低或股息殖利率相對高時買進；然而營收也是重要指標，上市櫃公司每月 10 日前都會公布上個月的營收，所以掌握營收趨勢相當重要。以小張的例子來說，他買進股票後，公司營收與獲利都持續成長，就可以繼續持有；直到股價漲太高了，或營收獲利衰退，才需要賣出股票。

小張買進東友持有 1 年多以後，發現營收不再創新高，他覺得營收動能不再，而且已經獲利好幾百萬，他

就選擇獲利了結。雖然後來股價漲到 74 元，少賺了 10幾元，但這就是價值投資人的特性，吃到魚身後，後面的魚尾就不吃了，留給別人賺。

　之後東友也與其他公司一樣，在金融海嘯期間股價大跌，風暴過後，它的營收獲利無法回復海嘯前的水準，營收持續下滑，到 2020 年第 3 季的近 4 季每股盈餘竟出現虧損，與當年 5 元的風光時期不可同日而語。這就是我常說的，不要跟股票談戀愛，如果財務數據持續衰退，要提早停利或停損。

Part 2
存股策略

存股的目的是，長抱一檔好股票，透過每年領取股利，還有價差的增長，達成累積財富的目的。這種長期的投資策略，特別適合資金不多的小資族。一般來說，好公司的股票下跌時，正是入手的好時機，但還是要懂得判斷下跌的原因，以做為是否進場的依據，避免存錯股。

第④招 ▶ 昔日的績優定存股 現在還可以存嗎？

第⑤招 ▶ 公營事業出狀況 該如何操作？

第⑥招 ▶ 股價突然變便宜 該進場搶買嗎？

第⑦招 ▶ 好公司遇到倒楣事 該勇敢進場嗎？

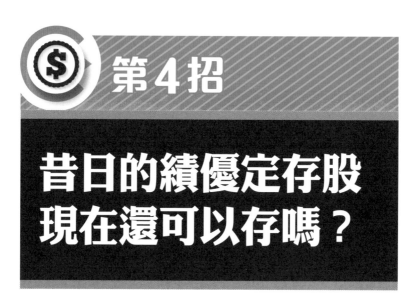

第4招

昔日的績優定存股
現在還可以存嗎？

近幾年投資吹起「存股風」，除了銀行股，很多人也喜歡把老牌傳產股當成存股標的，像隸屬於遠東集團的亞泥（1102）就很受存股族青睞，2008年金融海嘯以前的存股績效很優異，年化報酬率曾經高達21.36%，但它現在仍適合存股嗎？

亞泥（1102）
金融海嘯前後存股 獲利差很大

2012年時有個小資族小王來問我，可否開始定期定額投資亞泥（1102），他說他爸爸覺得亞泥不錯，而且有錢就會買一些，因為爸爸這樣做，讓他覺得亞泥應該是不錯的存股標的，便來詢問我的意見。

通常遇到這類問題，我一定會請對方先去查詢該檔股票過去的存股績效，再來做投資決策。

亞泥向來都被認為是穩定的存股標的，在2008年金融海嘯以前，長期投資亞泥能帶來相當不錯的報酬。如表1所示，從2002年開始每年投入12萬元（相當於每月1萬元）到2008年底的累積報酬率高達132.7%。若以單一年度來看，2002年到2007年的各年度年化報酬率分別為43.4%、48.7%、35.1%、0.5%、80.6%、68.8%，只有2008金融海嘯那一年的年化報酬率為負數（-31.3%）。

表1	亞泥（1102）2002 ～ 2008 年存股報酬率試算				
年度	現金股息	股票股息	合計	平均成本	殖利率
2002	1,122	0	1,122	65,000	1.7%
2003	8,038	0	8,038	185,000	4.3%
2004	15,963	26,517	42,480	305,000	13.9%
2005	37,280	44,861	82,141	425,000	19.3%
2006	49,586	72,230	121,815	545,000	22.4%
2007	75,777	187,119	262,896	665,000	39.5%
2008	139,974	122,827	262,801	785,000	33.5%
累積	327,740	453,554	781,294	425,000	183.8%

資料來源：invest.wessiorfinance.com

　　這樣的成績可以證明亞泥是不錯的存股標的，加上遠東集團算是作風相當保守的集團，而且名聲不錯，沒有什麼坑殺投資人的紀錄，每年或每季都會適時地「照顧」集團旗下上市公司的股票，同時亞泥因為持有集團中其他公司的股票，這些上市公司也會配息，所以擁有穩定的息收，而且這些轉投資因是分配在不同產業，故具有分散風險的效果。總體來看，我認為亞泥是值得長期投資的標的。

淨值	累積投入成本	累積獲利	年度獲利	當年度 年化報酬率	累積報酬率 （非年化）
142,388	120,000	22,388	22,388	43.4%	18.7%
356,715	240,000	116,715	94,326	48.7%	48.6%
620,727	360,000	260,727	144,012	35.1%	72.4%
744,359	480,000	264,359	3,632	0.5%	55.1%
1,505,611	600,000	905,611	641,252	80.6%	150.9%
2,698,555	720,000	1,978,555	1,072,944	68.8%	274.8%
1,954,455	840,000	1,114,455	-864,100	-31.3%	132.7%
累積股數	68,698	年化報酬率	21.36%	變異係數	1.03

後續發展

　　其實要一家公司能夠持續穩健地獲利實在不容易，亞泥從2012年起到2018年底定期定額的年化報酬率僅有4.68%（見表2），跟定存的報酬率相比算是不錯，但比起金融海嘯前的報酬實在差很多。這7年中，還有2年的年化報酬率是負數。一家被認定營收等各方面都很穩健、值得長期投資的公司，變成可能使投資人賠錢的標的，實在難以預料。

　　歸咎原因，應是金融海嘯過後，亞泥這家公司的體質有一點改
變，導致獲利能力不如金融海嘯以前，而這也是存股的風險。

表2	亞泥 2012 ～ 2018 年存股報酬率試算				
年度	現金股息	股票股息	合計	平均成本	殖利率
2012	4,409	1978	6,387	65,000	9.8%
2013	9,082	3996	13,078	185,000	7.1%
2014	15,788	7,193	22,981	305,000	7.5%
2015	28,054	0	28,054	425,000	6.6%
2016	19,189	0	19,189	545,000	3.5%
2017	20,193	0	20,193	665,000	3.0%
2018	32,643	0	32,643	785,000	4.2%
累積	129,359	13,167	142,527	425,000	33.5%

資料來源：invest.wessiorfinance.com

淨值	累積投入成本	累積獲利	年度獲利	當年度 年化報酬率	累積報酬率 （非年化）
129,250	120,000	9,250	9,250	17.2%	7.7%
269,789	240,000	29,789	20,539	11.1%	12.4%
413,977	360,000	53,977	24,187	7.4%	15.0%
408,638	480,000	-71,362	-125,339	-26.5%	-14.9%
525,914	600,000	-74,086	-2,724	-0.5%	-12.4%
705,276	720,000	-14,724	59,362	10.2%	-2.0%
996,867	840,000	156,867	171,591	22.6%	18.7%
累積股數	29,363	年化報酬率	4.68%	變異係數	2.5

慎選存股標的
分散投資風險

如同亞泥一樣，過去覺得不錯的存股標的，現在才開始買來存，績效可能會不符期望。為了要了解這家公司是否適合存股，投資人可以模擬該檔股票過去一段時間定期定額存股的獲利狀況，並檢視該段期間的年度最高獲利及最大虧損金額，看自己的心理能否承受這樣的盈虧（請掃描下頁QR Code進入「存股試算」頁面進行試算）。

到很多朋友口說要存股，在股價上漲時信誓旦旦，但是當股價大跌時，卻又坐立難安，等到賠很多時，因不

堪心理壓力，往往在最低點時停損賣出。因此，絕對有
必要先對存股標的做一下存股試算。

　　小王是個小資族，存亞泥還沒什麼問題，但如果是
存到當時有「台灣輪胎之光」稱號的正新（2105），
可就真的苦不堪言了。2012 年到 2018 年的 7 年間，
用同樣金額定期定額投資正新輪胎，當中居然有 4 年
虧損，分別是 2014 年小虧 0.4%，2015 年虧 24.6%，
2017 年虧 10.5%，2018 年虧 19.3%，整整 7 年共虧損

⑤ 開啟 存 股 試 算 表 的 3 種方式

① 搜尋「alpha-168您投資我幫您」→點擊「點我
　　進入系統」→點選左邊列表第3個「存股試算」

② 直接輸入短網址：https://bit.ly/2QPwamv

③ 掃描下方QR Code進入「存股試算」頁面

表3	正新（2105）2012 ～ 2018 年存股報酬率試算				
年度	現金股息	股票股息	合計	平均成本	殖利率
2012	1,334	9,713	11,047	65,000	17.0%
2013	3,832	29,504	33,335	185,000	18.0%
2014	13,100	0	13,100	305,000	4.3%
2015	18,659	0	18,659	425,000	4.4%
2016	25,844	0	25,844	545,000	4.7%
2017	32,645	0	32,645	665,000	4.9%
2018	24,688	0	24,688	785,000	3.1%
累積	120,101	39,217	159,317	425,000	37.5%

資料來源：invest.wessiorfinance.com

了 24.2%，年化報酬率居然是-8.16%，等於完全沒有獲利，投資人還要自己倒貼。

這件事告訴我們，存股真的不容易，1990 年以前，國泰人壽是國內最大的保險公司，股價曾經高達 1,975 元，現在則是併入國泰金（2882），股價不到 60 元。

《天下雜誌》在 2000 年曾統計全國 50 大企業排名，20 年後的 2020 年再做同一項調查，很多當年入榜

單位：元

淨值	累積投入成本	累積獲利	年度獲利	當年度 年化報酬率	累積報酬率 （非年化）
133,640	120,000	13,640	13,640	25.8%	11.4%
282,951	240,000	42,951	29,311	15.5%	17.9%
401,357	360,000	41,357	-1,594	-0.4%	11.5%
407,989	480,000	-72,011	-113,368	-24.6%	-15.0%
603,840	600,000	3,840	75,851	16.4%	0.6%
654,338	720,000	-65,662	-69,502	-10.5%	-9.1%
636,508	840,000	-203,492	-137,830	-19.3%	-24.2%
累積股數	15,582	年化報酬率	-8.16%	變異係數	43.84

的公司已被剔除 50 大以外，還有很多公司即使仍在榜單中，但排名大退步。所以投資人選擇存股標的，也要注意企業的基本面，必要時還是要更換標的，不能一直存下去。

⑤ 選擇股息、股價穩定 風險小的標的存股

亞泥和正新在 2008 年金融海嘯以前都是相當績優的

公司，但金融海嘯過後，2012 年到 2018 年底的這段期間，存股績效卻不如預期。最適合存股的標的，其股息和股價都必須很穩定，才不至於讓投資人的本金有所減損。存股族最忌諱的就是本金出現極大的減損，就像定存的本金大幅虧損一樣。

例如你放在銀行定存的本金本來是 100 萬元，結果要領出來時，銀行跟你說只能領 70 萬元，其他 30 萬元都賠掉了，這樣還叫「存」錢嗎？如果存股的結果和定存的結果相差很大，那麼該檔股票就不適合存股了。

挑選存股標的必須選擇風險較小者，這部分可以參考存股試算表中的「變異係數」，也就是標準差（風險）相對於平均數（報酬）的百分比，數字越小，代表風險越低。從表 2 可以看出，亞泥在 2012 到 2018 年間的變異係數為 2.5，這表示，平均 1% 的報酬要承受 2.5% 的風險，遠小於正新平均 1% 的報酬要承擔 43.84% 的風險。

存股族在挑選投資標的時，除了可先進行存股試算，查看試算期間的累積報酬是否滿意，也要檢視試算期間

各年度的年化報酬率可否接受，尤其中間如果有一年或幾年虧損，其虧損幅度自己能否負荷。

另外，比較不同存股標的時，除了累積報酬率及各年度的年化報酬率外，還要看一下每檔個股的變異係數。

最後，因為存個股仍有一定的風險，過去的好成績不代表未來也一定能夠延續，所以存股標的還是要分散，最好能夠選 5 到 10 檔標的當存股的對象，也就是每檔個股只占 10% ～ 20% 的比重。當然也不能全部都存銀行股，為了分散風險，選擇不同的產業會比較好。

第5招

公營事業出狀況 該如何操作？

對穩健型投資人來說，投資公營事業股票最穩當，因為公營事業不會倒，而且還有穩定的配息，對景氣循環的抗震力也很夠，是退休族的最愛。但公營事業因為有政府的特許，不是獨占就是寡占，它的風險就在政治，政治人物為了選票，有時會干擾公營事業的運作。

台汽電（8926）
前景看好 股價卻一夕豬羊變色

　　2015年的年初，一群人在風光明媚的蘭陽博物館咖啡廳討論台汽電（8926）這檔股票，他們認為，台灣一直受缺電之苦，所以缺電概念股的台汽電前景看好，獲利將逐年成長。

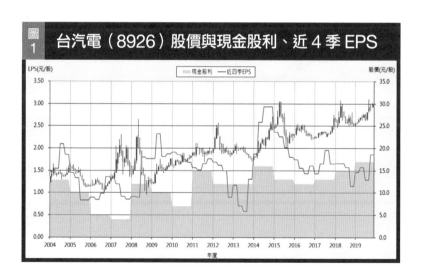

圖1　台汽電（8926）股價與現金股利、近4季EPS

　　當時在座的投資達人趙先生也覺得，台灣常遇到缺電問題，而台灣最大的電力公司台電沒有上市，轉投資的台汽電應該不錯，所以他在2015年第1季底開始買進台汽電，當時預估的營收與每股盈餘（EPS）都不錯。他認為，電力公司、電信公司及水公司都是風險很小的產業，而且還有特許權當護城河，投資這些公司應該沒問題。

　　他估計2014年的年度每股盈餘會達到3元，本益比10倍，當時股價很合理，就大量買進台汽電。其他人也同意台汽電是不錯的標的，股息應該會有1.5元以上，殖利率超過5%，是不錯的存股標的。

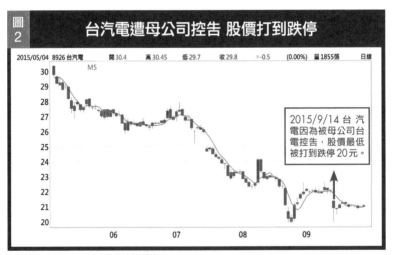

圖 2　台汽電遭母公司控告 股價打到跌停

| 2015/05/04 8926 台汽電 | 開 30.4 | 高 30.45 | 低 29.7 | 收 29.8 | ▽ -0.5 | (0.00%) | 量 1855張 | 日線 |

2015/9/14 台汽電因為被母公司台電控告，股價最低被打到跌停 20 元。

資料來源：CMoney法人投資決策系統

可是沒人想得到，穩定的護城河居然被政治勢力破壞，台汽電的母公司，也就是台電，居然告自己的子公司。

　　2015年9月11日，台汽電轉投資的星能電力、星元電力及國光電力，都收到台北高等行政法院的通知，台電提起行政訴訟，請求賠償因聯合行為造成的損害。

　　2015年9月14日，台汽電轉投資的森霸電力，也收到台北高等行政法院的通知，台電同樣請求賠償因聯合行為造成的損害，預估請求金額達44億元。結果當天台股開盤後，台汽電的股價被打到跌停20元。

　　投資人如果遇到這樣的情況，該如何處理呢？

 後續發展

　　投資達人趙先生對這個不確定因素沒信心，就在20元附近出清台汽電，認賠了事，然後將資金轉投資其他股票。台汽電公布的2014年每股盈餘不到3元，且逐年下滑，到了2018年只剩1元。長期來看，台汽電的獲利並沒有成長，而且上下波動。

　　趙先生重押的台汽電由30元跌到20元，跌了33%，但他積極換股，2015年的報酬率仍有10.48%，遠高於大盤的-10.41%。

公營事業遭介入
導致獲利受創

公營事業一直以來被認為是獨占或寡占的概念股，但實際上，公營事業的獲利來自公權力的支持，但公權力受到政黨及民意代表的掣肘，他們往往會為了選票拿公營事業開刀，衝擊公營事業的獲利能力。

例如，2014 年油價大跌，導致俄羅斯公債及盧布大跌，國家遭受極大損失，當時的總統普丁要求俄羅斯電信母公司的老闆，將其持有的公司貢獻給國家。但老闆拒絕，就被普丁軟禁，股價大跌。

而台灣早期的三商銀等省屬行庫，則是被省議員當提

款機，吃了大筆呆帳，導致體質一直無法改善。彰銀（2801）是全台灣第一家上市的金融股，撇開威權時期省議員對省屬行庫的掏空行為不提，彰銀算是中規中矩經營的好公司，但投資人如果在 1988 或 1997 年買進，之後股價一路下滑，沒賣出的話，至今已被套牢 20 到 30 多年。

　別以為投資公營事業，就可以穩穩地領股息，很可能因為政治因素而面臨很大的風險。

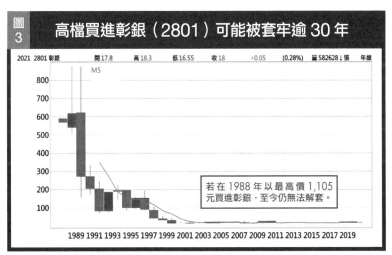

圖 3

高檔買進彰銀（2801）可能被套牢逾 30 年

2021 2801 彰銀　　　開 17.8　　高 18.3　　低 16.55　　收 18　　△0.05　　(0.28%)　量 582628↓張　年線

> 若在 1988 年以最高價 1,105 元買進彰銀，至今仍無法解套。

1989 1991 1993 1995 1997 1999 2001 2003 2005 2007 2009 2011 2013 2015 2017 2019

資料來源：CMoney法人投資決策系統

投資公營事業不是穩賺 要分散風險

2015 年 3 月底，台汽電公布 2014 年的每股盈餘將近 3 元，且配息 1.6 元，以穩定的公營事業來看，股價真的很便宜；同時在台灣缺電的大環境下，更是不可多得的投資標的。然而台汽電的母公司是台電，台電受到執政團隊及立法委員的監督，當民眾覺得缺電或電費太貴時，就會找台電下手。發現台電和轉投資的台汽電所簽的長期購電價格太高時，就要求台電修改合約，並不惜對簿公堂。

這件事告訴我們：

❶ 媽媽也會告兒子。

❷ 所謂的公營事業護城河其實沒有那麼寬，例如俄羅斯電信公司都出過事。

❸ 堅持分散持股以降低風險的原則，單一個股的持股不能超過 20%。

2015 年 9 月 14 日大跌之後，台汽電有很長一段時間的股價都在 23 ～ 23.5 元徘徊，如果你有更好的投資標

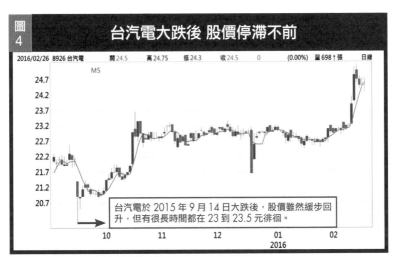

資料來源：CMoney法人投資決策系統

的，應該換股操作。不過，我的一個好朋友小李在股價
20元時買了不少台汽電的股票，忍了一段時間，後來
也賺了不少錢，因為台汽電不會倒，在低點買進，勝算
很大。

　投資方法有很多門派，只要你堅持紀律，都可以賺
錢。牛市有人賺錢，熊市也有人賺錢，牛跟熊都賺錢，
只有豬賠錢，所以要努力建立自己的投資哲學，不要跟
沒有原則的豬殺進殺出，結果在牛市賠了錢，在熊市更
是大賠。

第6招

股價突然變便宜 該進場搶買嗎？

好公司的股價通常不低，難得遇到麻煩，股價跌下來了，要不要入手呢？其實認真的投資人手上都有一些口袋名單，等到股價掉下來時，就會出現在觀察清單上，當你知道股價下跌的原因時，就要判斷它對公司的影響是短期還是長期，再以此做為是否買入的依據。

德律（3030）
好公司陷危機 盈收、股價雙滑落

　　自動檢測設備廠德律（3030）是一家好公司，除了2008年金融海嘯那一年度的每股盈餘（EPS）表現較差外，2009年之後連續數年的每股盈餘皆維持在3元以上，且每年皆穩定配發3元以上的股息，是不錯的現金流概念股，如果能夠配發4元股息，股價80元也似乎不貴。但是2015年下半年後公司的營運好像出了一些問題。

　　德律在2015年近4季盈餘創新高後便連續4季衰退，股價由70元以上跌到40元以下，這是因為有離職員工將德律的大客戶訂單移轉給新任職的中國公司。在2013年也曾發生盈餘由高點下滑、4季之後又回到高點的情況（見圖1），只不過當時的狀況與這次不同，那麼這一次盈餘下滑後，會不會和以前一樣又再順利回到高點呢？

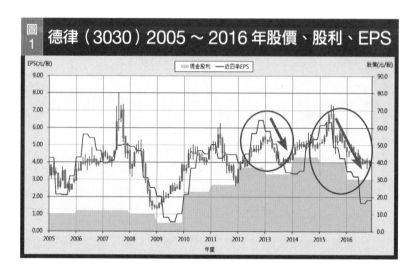

圖1 德律（3030）2005 ～ 2016 年股價、股利、EPS

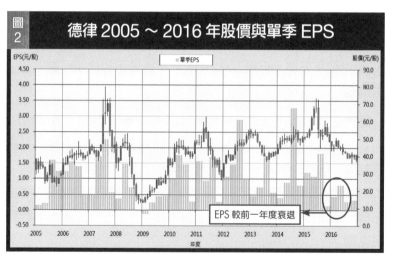

圖2 德律 2005 ～ 2016 年股價與單季 EPS

從圖2我們可以看到，2015年第4季以後連續4季每股盈餘均比前一年同期衰退，獲利確實有受到營收衰退的影響。

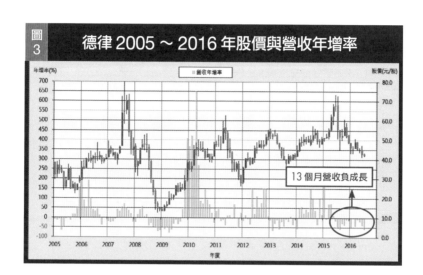

圖3 德律 2005 ～ 2016 年股價與營收年增率

13 個月營收負成長

營收方面，除了2016年2月外，有13個月營收負成長（見圖3），有沒有機會像2013年底2014年初那樣再度逆轉勝呢？

德律從2010年後股息年年提高或在高檔，是所謂的現金流概念股，2015年發生大客戶訂單被轉單事件，導致營收衰退後，2015年度的股息還有可能維持在高檔嗎？難得股價有跌到40元以下，如果後續股息仍然維持在高檔，在低點買進似乎是個不錯的選擇。

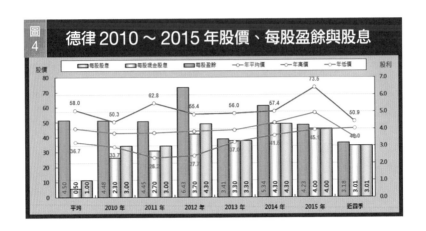

圖4 德律 2010～2015 年股價、每股盈餘與股息

後續發展

　　遇到這種情況，不要立刻跳下去撿便宜，應該持續等到業績有好轉再考慮，因為公司主管跳槽並帶走客戶，對公司的傷害真的不小，雖然公司可能在第一時間就排除萬難解決問題，但是剛開始的傷害應該會持續一段時間，不需要在第一時間就進場相挺，如果公司順利度過難關，也要過一定時間後，體質才會恢復。如果公司這次撐不住，買進的股票放著也不是，賣掉也不是，所以要隨時觀察情勢，依情勢調整投資策略。

　　我們看後續發展，公司很有誠意，在2016年獲利僅1.82元的情況下，仍然連續兩年配發3元股息（見圖5），以合理殖利率5%推估，60元以下似乎是合理的價位，但這時還是先不要出手，投資人可以等待業績回穩再買入。

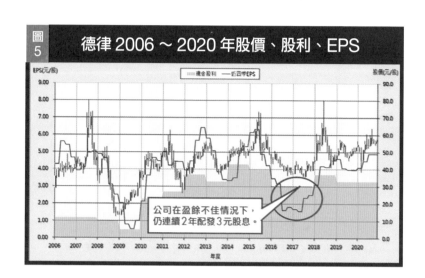

圖 5 德律 2006～2020 年股價、股利、EPS

公司在盈餘不佳情況下，仍連續2年配發3元股息。

　　到了2017年11月2日公布當年度第3季的財務報表，每股盈餘達1.05元，高於前一年同期的0.27元，成長率為388%（見圖6），終於盈餘年增率轉為正成長了，看起來危機已解除，於是在11月5日以42.6元買進。

　　雖然放棄了領取前兩年股息的機會，也就是2016年發放2015年度的股息4元，以及2017年發放2016年度的股息3元，等於每股少賺7元，而且以每股42.6元的價格買進，也比當初40元以下買進稍貴，但是現在德律這家公司的營運與財務狀況好轉了，不用再一顆心七上八下，承受不確定性的衝擊，現在才持有它，比提早入手的心情舒坦許多。

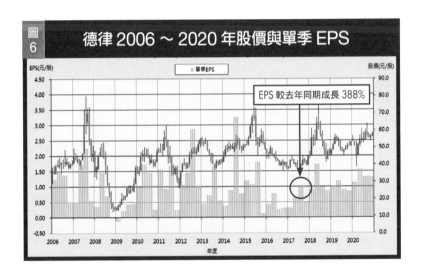

圖6　德律 2006～2020 年股價與單季 EPS

EPS 較去年同期成長 388%

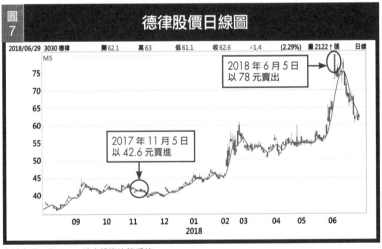

圖7　德律股價日線圖

2018/06/29 3030 德律　　開 62.1　　高 63　　低 61.1　　收 62.6　　△1.4　　(2.29%)　　量 2122↑張　　日線

2018 年 6 月 5 日
以 78 元賣出

2017 年 11 月 5 日
以 42.6 元買進

資料來源：CMoney法人投資決策系統

買入之後的下一步是，持續觀察德律的營收與獲利，如果成長就繼續持有。我們看到2017年第4季的每股盈餘0.49元比前一年同期的0.32元成長，然後2018年第1季的每股盈餘0.91元也比前一年同期的0.32元成長（見圖6），所以可以持有並繼續等待。

2018年5月10日公布的當年度第1季盈餘及4月營收年增率均成長，可以等待2018年第2季的盈餘公布再說，估計還是會成長。

出乎意料的是，2018年6月4日那天，德律公布前一個月，也就是5月的營收創下44個月以來新高，年增率達110.31%，而且當日股價拉漲停。這樣的情況就得注意第2天股價是否被拉高，然後出現巨量長黑。果然，第2天的股價拉到第2根漲停80.1元之後就開始下挫，於是我在78元賣出，獲利了結，報酬率達83%，算是幸運的投資案例之一。

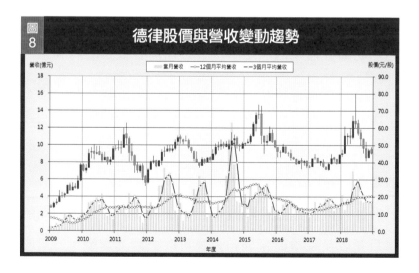

圖8 德律股價與營收變動趨勢

別急著買暴跌好股
基本面明朗再下手

德律的案例告訴我們，當一家好公司因為主管離職，帶走公司重要客戶，導致營收下滑時，此問題很明顯在短期內無法解決，公司需要較長的時間來修補該事件造成的影響，所以投資人必須觀察該公司營收下滑的情況何時會緩解，並評估企業是否可能再度回復往日榮景。若對該企業仍然抱持信心，就要持續觀注營收走勢，等到比較安全的時候再介入。

投資人持續建立股票觀察名單很重要，當這些公司的每月營收及每季財報公布後，可以追蹤其變動，一旦股

價變便宜，且值得投資時，就可以將閒錢投入，或者出清一些有獲利的股票，然後把錢投入這些基本面轉好且股價變便宜的股票。

當然，好的股票可以長期持有，但是如果已經有不錯的獲利，且當營收或盈餘有利多消息，導致股價漲停板時，就要看第 2 天股價是否持續拉高，若是盤中爆量下跌，就可能要先賣出觀望，如果賣錯了，事後再買回也不遲。

以公司營收當作續抱或賣出依據

長期觀注的股票如果因為營收或盈餘變差，而導致股價下跌，已經持有的人要先判斷，導致營收或盈餘下滑的主因是短時間的小麻煩，還是比較長時間的大問題，如果是後者，就必須停損。

當然高檔沒買進的人，也就是空手者，遇到心儀的標的股價下跌，也是會見獵心喜，然而一家出事的公司，要將基本面轉為正向，需要一些時間，等到基本面明朗時再下手也不遲。

在這個案例中，買進時間是當季盈餘相對於前一年同期正成長時，把這個時間點當作基本面轉好的訊號，雖然買進的成本比當初出事時還高一點，而且因為等待放棄了連續兩年的股息，然而為了使不確定性降低以減少風險，這些是必須付出的代價。

至於買進後要如何處理？其實很簡單，就是持續追蹤該公司的營收及盈餘狀況，如果一直都有進步，就可以繼續持有。

緊盯營收、盈餘等財務資訊公布的投資人往往會發現，在公布日的前一兩天，股價可能會大幅上漲、甚至漲停，或大幅下跌，而這可能是內部人先知道消息提早布局所導致。

如果股價漲停或長紅的第 2 天持續開高且爆巨量，然後接著走低，可能會以長黑收盤，若獲利已經不錯，例如本例已經獲利 80% 以上，可以考慮先獲利了結。畢竟還有其他觀察名單上的好股可以買進。

另一種情況是，公司的營收和盈餘持續成長，買進後的投資報酬率也不錯，會很想賣掉，這時如忍住不賣，

可能會過於壓抑，建議不妨先賣出一半持股，再繼續追蹤這家公司的營收及盈餘是否持續成長，以做為是否該進一步處分的參考。

第7招

好公司遇到倒楣事 該勇敢進場嗎？

有句股市名言「好股票遇到倒楣事，是不錯的進場時機」，但遇到的倒楣事是大還是小，沒人知道，只能事後驗證。如果你很了解這家公司，其實可以進場撿便宜；但如果你不了解這家公司，還是等情況明朗後再下手比較好。

葡萄王（1707）
受塑化劑事件拖累 股價大跌

　　葡萄王（1707）於2011年第3季的每股盈餘（EPS）為0.52元，較前一年同期的0.79元減少許多，導致股價跌破40元。當時台灣的塑化劑事件鬧得沸沸揚揚，連統一（1216）的LP33益生菌都出事，同樣是生產益生菌的葡萄王難免受到影響。此時該停損還是加碼呢？

圖1 葡萄王（1707）股價與近4季每股盈餘

表1　葡萄王 2011 ／ 2010 年簡明損益表（4 季）差異數　　單位：千元

季別	2011 年第 1 季		2011 年第 2 季		2011 年第 3 季		2011 年第 4 季	
營業收入	572,668	100.0%	622,707	100.0%	581,943	100.0%	624,080	100.0%
營業毛利	465,028	81.2%	507,411	81.5%	470,050	80.8%	516,661	82.8%
營業費用	386,944	67.6%	435,393	69.9%	420,784	72.3%	473,659	75.9%
營業淨利	78,084	13.6%	72,018	11.6%	49,266	8.5%	43,002	6.9%
營業外收入	72,346	12.6%	85,423	13.7%	44,744	7.7%	113,581	18.2%
營業外支出	2,026	0.4%	3,672	0.6%	(17,107)	2.9%	1,197	0.2%
稅前淨利	148,404	25.9%	153,769	24.7%	76,903	13.2%	155,386	24.9%
所得稅	14,072	2.5%	18,395	3.0%	9,910	1.7%	19,023	3.0%
稅後淨利	134,332	23.5%	135,374	21.7%	66,993	11.5%	136,363	21.9%
每股盈餘	1.03		1.04		0.52		1.04	
季別	**2010 年第 1 季**		**2010 年第 2 季**		**2010 年第 3 季**		**2010 年第 4 季**	
營業收入	426,398	100.0%	560,046	100.0%	561,715	100.0%	594,919	100.0%
營業毛利	338,224	79.3%	446,065	79.6%	449,661	80.1%	485,478	81.6%
營業費用	281,251	66.0%	378,565	67.6%	384,823	68.5%	434,073	73.0%
營業淨利	56,973	13.4%	67,500	12.1%	64,838	11.5%	51,405	8.6%
營業外收入	34,669	8.1%	66,444	11.9%	45,063	8.0%	116,991	19.7%
營業外支出	5,113	1.2%	6,818	1.2%	(-2,461)	-0.4%	6,805	1.1%
稅前淨利	86,529	20.3%	127,126	22.7%	112,362	20.0%	161,591	27.2%
所得稅	21,342	5.0%	20,161	3.6%	9,239	1.6%	9,166	1.5%
稅後淨利	65,187	15.3%	106,965	19.1%	103,123	18.4%	152,425	25.6%
每股盈餘	0.50		0.82		0.79		1.17	
季別	**第 1 季差異數**		**第 2 季差異數**		**第 3 季差異數**		**第 4 季差異數**	
營業收入	**146,270**	**34.3%**	**62,661**	**11.2%**	**20,228**	**3.6%**	**29,161**	**4.9%**
營業毛利	126,804	37.5%	61,346	13.8%	20,389	4.5%	31,183	6.4%
營業費用	105,693	37.6%	56,828	15.0%	35,961	(9.3%)	39,586	9.1%
營業淨利	21,111	37.1%	4,518	6.7%	-15,572	-24.0%	-8,403	-16.3%
營業外收入	37,677	108.7%	18,979	28.6%	-319	-0.7%	-3,410	-2.9%
營業外支出	-3,087	-60.4%	-3,146	-46.1%	19,568	-795.1%	-5,608	-82.4%
稅前淨利	61,875	71.5%	26,643	21.0%	-35,459	-31.6%	-6,205	-3.8%
所得稅	-7,270	-34.1%	-1,766	-8.8%	671	7.3%	9,857	107.5%
稅後淨利	69,145	106.1%	28,409	26.6%	-36,130	-35.0%	-16,062	-10.5%
每股盈餘	0.53	106.0%	0.22	0.27	-0.27	-0.34	-0.13	-0.11

既然是獲利下滑導致股價大跌，那麼就來分析一下財報。2011年第3季的營業收入與營業毛利比前一年同期成長，這2個項目沒有問題。但營業費用卻比前一年多9.3%，導致營業淨利比前一年減少24%，營業外支出171萬7千元比前一年同期的-246萬1,000元增加很多（見表1），這是每股盈餘減少的主要原因。

營業外支出增加是因為市況不好，產生評價損失，這可以視為暫時性的問題，但營業費用增加的原因就必須深入了解。

我打電話去該公司詢問，得到的回答是，因為塑化劑事件讓產品的檢驗費增加。如果屬實，未來的檢驗費只會增加，因為消費意識提高，消費者會要求公司做更嚴格的檢驗。

如果你是投資人，你會在40元以下買進葡萄王嗎？

後續發展

　　雖然葡萄王在2011年第3季出現每股盈餘衰退，當初是歸咎於塑化劑事件，股價跌破40元，我的朋友陳先生並沒有因為「好公司遇到倒楣事」而買進，他想等到每股盈餘開始成長後再定奪。

　　雖然2011年第4季葡萄王每股盈餘回升，然而比起前一年同期仍未成長；到了2012年第1季，葡萄王每股盈餘年增率較前一年同期成長，股價也到了50元，較前一年低點已經漲了許多，不過基於每股盈餘開始成長，陳先生決定在50元買進。

　　從圖2以及圖3可以看到，2012年第2季之後，葡萄王每股盈餘持續成長，到了2013年股價漲到近160元。

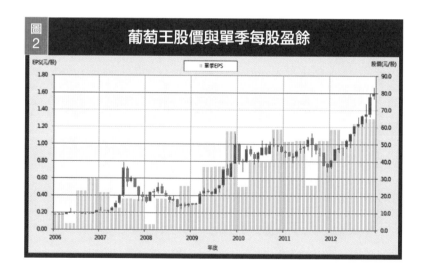

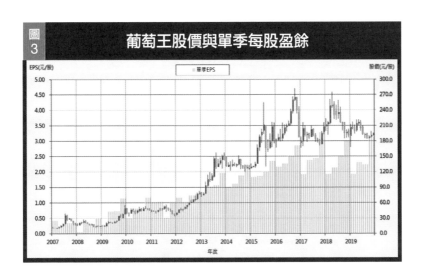

圖3

葡萄王股價與單季每股盈餘

EPS(元/股)

股價(元/股)

■ 單季EPS

　　既然葡萄王每股盈餘持續成長，陳先生就持續持有，直到2017年第1季出現變化。從圖4可以看到，2017年第1季的每股盈餘為1.92元，低於前1年的每股盈餘2.17元，成長的態勢開始改變。

　　從營收趨勢來看（見圖4），長期營收（12個月平均營收）從2017年開始不再成長。從營收年增率來看（見圖5），也發現從2017年第1季開始，營收年增率開始負成長。

　　所以陳先生決定在2017年第1季財報公布不如預期時，以189元將葡萄王獲利了結，期間還領了4次共19.59元的現金股息，獲利相當豐厚。

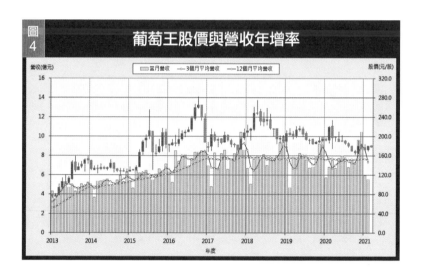

圖4 葡萄王股價與營收年增率

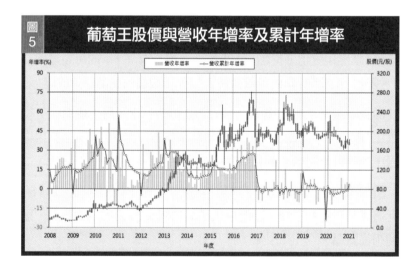

圖5 葡萄王股價與營收年增率及累計年增率

遇到未知利空事件
事態明朗後再進場

重視基本面的投資人，通常在公司財務數據不錯時，會用合理的價格買進，如果企業的營收及獲利持續成長，就繼續持有。但當前景不明時，無法確定公司遇到的是大問題還是小麻煩，就應先退出觀望，少賺或少賠一點，不要大賠而傷了元氣，因為無法繼續投資而產生悲劇。

葡萄王早期生產康貝特提神飲料，後來轉型生產靈芝王及益生菌都很成功，旗下葡眾更是直銷公司的典範，因此營收及獲利都連年成長。然而在 2011 年第 3 季

時，獲利突然衰退，主因是發生塑化劑事件。

由於國民所得提高，消費者意識抬頭，食安變成全民重視的議題。在這個氛圍下，有塑化劑問題的公司開始危機處理，處理得好，可度過難關，處理不好，就只能告別市場。然而沒有塑化劑問題的公司也不得閒，不但必須加強產品檢驗，銷售與獲利也受到拖累。葡萄王在 2011 年第 3 季公布獲利衰退的財報後，股價就跌到 40 元以下。

⑤ 採取保守策略 駛得萬年船

我詢問該公司，獲得的解釋是，因為檢驗費導致營業費用增加。由此推論，高檢驗費將成為未來趨勢，公司體質可能因此改變，觀望不買進會是合理的做法。

塑化劑事件以前沒發生過，影響層面有多大，投資人也不知道。對於未知的事件，保守應對不失為穩健投資之道。等到事情明朗後再進場，雖然失去些許價差，但這樣才穩當，可以駛得萬年船。

之後持續追蹤葡萄王的營收獲利走勢，在 2012 年第

1 季財報公布後，淡季的每股盈餘居然平了高點紀錄，營收也相當亮麗，這時就可以大膽買進，因為可以判斷塑化劑事件的影響已經消除，消費者疑慮消失，願意積極購買該公司的產品。

之後葡萄王的營收獲利一路成長，連續 5 年的每股盈餘及股息均創新高，股價也有不錯的表現。葡萄王股價在 2016 年 10 月達到 282 元的高點，接著開始下滑，等到公布 2017 年第 1 季財報，發現營收獲利不再成長，才找到股價下跌的原因。雖然股價已經大幅下滑，但之前低檔買進的人，還是可以從容獲利了結。

Part 3
財報透視

價值投資人想要擴大自己的能力圈，找出會賺錢的股票，必須研究財報，了解一家公司的營運模式，找出獲利或虧損的主要原因。只要了解得越透徹，就能做出更正確的買賣判斷。當你無法看清楚一家公司的未來展望時，就必須果斷出場，這樣做才能成為股市贏家。

第 **8** 招 ▶ 企業獲利模式改變 營收衰退怎麼辦？

第 **9** 招 ▶ 看不清楚前景 要踩煞車嗎？

第 **10** 招 ▶ 如何從第3季財報找現金流概念股？

第8招

企業獲利模式改變 營收衰退怎麼辦？

企業維持良好的獲利模式，可以讓盈餘持續成長，股價也會一路向上。這種可當模範的好公司，如果有一天股價忽然下滑，外資也開始賣超持股，但你卻不知道原因，直到財報公布以後，才發現營收不如預期，投資人該如何因應？

宏全（9939）
營收創新高 股價卻下滑

　　2013年台股上市櫃公司的財報編製方式，開始適用國際會計準則（International Financial Reporting Standards，簡稱IFRS），使得很多資料都大亂，例如營業收入改採合併報表，而非過往以母公司報表為主的情形，導致很多在中國設廠且投資金額不低的公司，營業額大幅成長，讓你看不出公司真正的營運趨勢。

　　這一年我的投資績效不錯，但其中有一檔股票卻讓我苦吞2008年金融海嘯以來的最大虧損，因為當時我開始敢重押個股，這是經過金融海嘯洗禮，加上其後幾年操作個股大有斬獲後，才有的膽識。

　　2013年來到第3季，我看自己帳上的獲利相當不錯，尤其幾檔重押大賺，就自滿起來，開始和一些投資達人交換投資心得。

　　其中有位投資達人王先生大力推薦宏全（9939），我對這家飲料包材大廠過去的績效很讚賞，因為它的「擴張模式」相

當成功，就是配合飲料廠設置瓶蓋及包裝廠，過去一段時間，
這樣的營運模式也確實讓業界驚豔，堪稱飲料包材界的台積
電（2330）。直到2013年，大客戶統一（1216）開始將這部分
業務移轉給旗下企業統一實（9907）以後，這個成功的營運模式
才被打破。

　　因為同一年企業的財報編製改為合併報表，觀察每月營收可能
無法看出公司真正的營運狀況，我們由圖1可以看到IFRS會計原則
變更對營收資料的干擾。2013年7月宏全的營收仍然創新高，不
過股價已經事先反應統一集團抽單事件，由4月底的高點84元跌
到60多元。

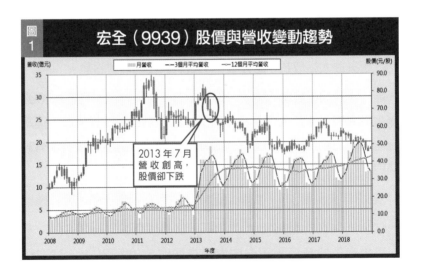

圖1　宏全（9939）股價與營收變動趨勢

2013 年 7 月
營收創高，
股價卻下跌

圖2顯示，到2013年第2季為止的近4季每股盈餘為5元，我們估計當年度可以賺到6元，2012年獲利僅有4.43元，可以配到3元，那麼如果2013年可以賺到6元，配息4元以上應該沒問題。

　　不過，從宏全的股價日線圖（見圖3）可以觀察到，股價其實從2013年4月30日的84.4元就開始下滑，到了7月以後，也就是營收創新高的那個月，已經跌破70元來到60幾元。

　　聰明的讀者應該有注意到，股價是外資殺下來的，我對於外資砍殺股價其實一點也不怕，因為便宜價都是外資砍下來才能遇得到。我是在股價到了跌破65元的64.2元時開始分批買進，並等待第3季的財報公布。

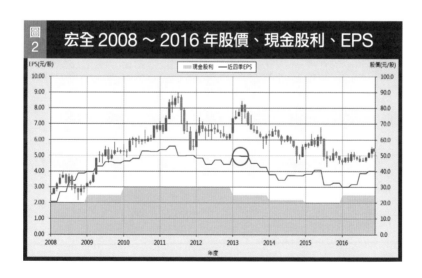

圖2　宏全 2008～2016 年股價、現金股利、EPS

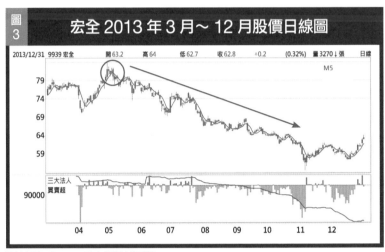

圖3　宏全 2013 年 3 月～ 12 月股價日線圖

資料來源：CMoney法人投資決策系統

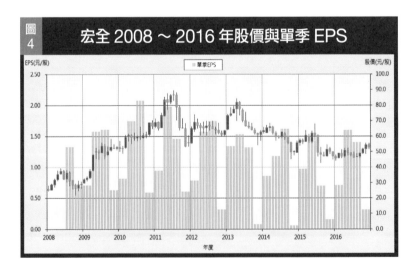

圖4　宏全 2008 ～ 2016 年股價與單季 EPS

結果第3季財報公布後，獲利不但沒有比去年同期的1.75元高，反而降到1.32元（見圖4），獲利減幅達24.5%。請問投資人該如何處理？

後續發展

統一與宏全的合約期滿後，會將瓶蓋的製作與包裝交給自己的關係企業統一實，對宏全的營運一定會造成影響，這也是外資會狂賣宏全股票的原因，因此我決定認賠殺出，於2013年第3季財報公布之後短短沒幾天，在11月上旬的58.9元賣出。

當然中間股價起起伏伏，也許拗更久會不賠反賺才是，但是趨勢證明，2013到2017年的5年間，公司營收就不再成長，近4季每股盈餘也從2011年的5元多持續下滑到2016年第1季的3元。後來股價甚至跌到50元以下，長時間在低檔盤整。

公司營運穩健
股價才能持續上漲

這個案例的投資策略是在財報公布前，先預估獲利結果，如果財報公布後營收有成長，股價就會大幅上漲，若隔年公布的股息很不錯，獲利應該會很好。

然而獲利與營收公布後，數字如果衰退，那麼就必須判斷，這次衰退是暫時性還是會較長久？我判斷宏全流失大客戶訂單的事件，影響不是短期，可能需要較長的時間才能恢復，所以就把股票認賠賣出。

這雖然是我個人自金融海嘯以來最大的投資損失經驗，但是過去幾年我用這種方式投資都賺錢，投資有賺

有賠是必然的，只要投資組合的淨值持續成長，暫時無須改變這種投資策略。

另外，會計原則的改變，影響投資決策甚大，尤其是對追蹤長期財務數據做投資決策的人，如果長期數據的編製原則有所變動，就失去做為投資決策參考的價值。

護城河夠強大 企業才有競爭力

了解一家公司的營運模式，知道獲利的原因，是價值投資人擴大能力圈的方法，當你對一家公司了解越深，就可以做出較正確的決策，包括越往下跌越加碼或重押持股，如此才能夠從投資獲得利潤。

除了分析標的的財務體質，了解其獲利的營運模式外，資金的配置才是獲利的主要原因，遇到多年難得一見的好公司，只買個 3 張、5 張並無法獲得豐厚的報酬，還不如直接買 ETF，省去研究個股的麻煩，也不必承擔公司的營運風險。

宏全的主要獲利模式是配合客戶擴廠，設置包裝的生產線，再隨著客戶持續成長不斷擴廠，公司的營收獲利

也跟著水漲船高。

然而這個經營模式並沒有建立起強大的護城河，當客戶覺得此種經營模式可行，在合約屆滿後便會立刻收回去自己做，有時候甚至寧願付違約金提早解約，也要趕快改變自己公司的經營策略。一個不錯的經營模式如果可以輕易被其他公司複製，獲利也只是短期的。

然而我們並沒有內線消息，當一切事情發生時，就會反映在財報上。我們做決策的困難點在於，它到底是暫時的小麻煩，還是長久的大問題？好公司遇到小麻煩不但不應停損，還要伺機加碼買進，但如果判斷是大問題，則必須壯士斷腕，毅然決然賣出。

ⓢ 判別營收衰退因素是小麻煩還是大問題

你可能會問我，怎麼知道是小麻煩還是大問題？這就要憑個人的經驗來判斷，還有資料必須蒐集得夠多且夠深。有些人認為是小麻煩而買進，另外一些人認為是大問題而賣出，所以這檔股票才會成交。當你判斷的正確性增加，決策品質提升後，你的勝率就會提高很多，你

也會更有自信，繼續用這種方式投資；當你老是判斷錯誤，表示你的個人判斷能力及資料蒐集的深度有問題，也許放棄個股投資，轉而購買 ETF 會比較好。

以本例來說，由於該公司經營模式很成功，投資人將其視為飲料包材界的台積電，公司的獲利也都不錯，即使有些小小的負面新聞也不會影響投資人的買進意願，當然公司的管理當局也很少在法說會或媒體上承認是大問題，對外一致聲明，公司長期營收仍然成長且樂觀。

好公司很少有便宜價，通常是外資持續賣出，才會殺低股價，投資人也才有便宜可以撿，但是外資殺出是不是表示有什麼不為外人所知的秘密？低檔買進究竟是撿到便宜，還是其實冒了極大的風險？這正是投資最困難的地方。

投資人在買進一檔看好的股票時，就會對其未來的營收及盈餘有所預期，當營收及盈餘如你預期的方向走，那你就可以繼續持有，當營收盈餘比你預期的更佳，恭喜了，你會獲得豐厚的利潤。但是當營收盈餘和你預期的方向相反，就要看你對這家公司的了解程度來下決

定，也就是說，你必須判斷，導致營收衰退的因素是小麻煩還是大問題。

　如果是小麻煩就繼續持有，如果是大問題就必須斷然分手。本例就是因為投資人看不清楚未來走勢，同時留意到市場上的一些負面消息，搭配後來的財報不佳，就毅然決然賠本賣出，躲過了該公司其後多年營運衰退的黑暗時期。

NOTES

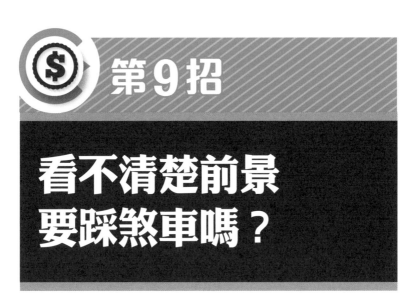

第9招

看不清楚前景
要踩煞車嗎？

預估某檔股票獲利將提升，於是低檔買
進，結果財報表現不如預期，投資人卻
繼續持有、不停損；反之，獲利創歷史
新高，卻因為前景不明而停利賣出。獲
利不佳時續抱，獲利很好時卻賣出，到
底有什麼依據？

永裕（1323）
財報不是操作的唯一指標

　　原料成本對塑膠類股的影響相當大，原料價格上漲，毛利會下滑；反之，原料價格下跌，毛利會提高，永裕（1323）就是這樣的公司。

　　有位投資達人王先生，長期關注永裕這檔股票，2009～2010年間，永裕的獲利持續成長，不但台灣母公司獲利相當不錯，上海廠也貢獻很多。然而，由於塑膠原料價格上漲，以及暫時性的景氣下滑，2011年的獲利報酬並不優，股價也開始下滑。

　　到了2012年第1季，雖然每股盈餘有成長，但是塑膠原料價格持續在高檔，導致第2季獲利不如預期，不過隨著原物料價格下滑，這位投資達人預估，第3季後毛利將回升，第2季應是獲利低點，因此在22.5元買進。

　　結果他預估錯了，永裕第3季的獲利仍然持續下滑，僅有0.52元，比第2季每股盈餘0.54元還低，是獲利的最低點，比前一年第3季的每股盈餘0.57元還差，該賣出嗎？

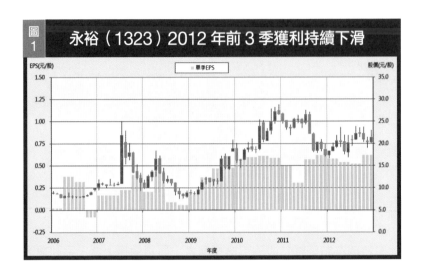

圖1 永裕（1323）2012 年前 3 季獲利持續下滑

後續發展

　　永裕第3季財報不如預期，是因為過去的高價原料尚未用盡，所以生產成本偏高，通常這種情形也會導致存貨跌價的損失。但是第4季開始，由於使用的原料價格較低，使得後續3季的獲利創新高，隔年股價也漲到50元。

　　由此可見，不能只看財報獲利衰退就賣股票，要知道原物料的行情下跌，也會影響毛利上升。那麼，如何知道永裕的主要原料聚乙烯（PE）的價格未來會下跌呢？因為PE的行情可以查得到。

　　2015年3月，永裕公布前一年第4季獲利創新高，每股盈餘達

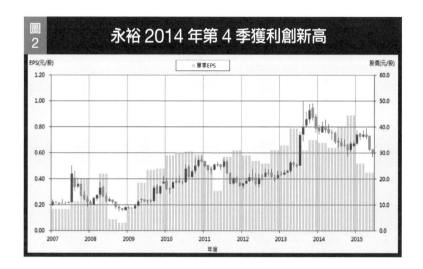

圖2

永裕 2014 年第 4 季獲利創新高

EPS(元/股)　　　　　　　　　　　單季EPS　　　　　　　　　　　股價(元/股)

年度

到0.89元，比2013年同期的0.7元大幅成長，但並不是所有的財
務數據都亮眼，首先是2015年公布的1月營收呈現負成長，年增
率為-8.71%。

　當時適逢過年，王先生決定繼續觀察，可是2月的數據也不漂
亮，營收年增率為-13.43%，讓人不禁懷疑，前一年的優異表現
是否能持續下去。不過，此時他仍維持觀望態度，打算看第1季
的營收如何，再做最後定奪。

　4月10日，永裕公布3月營收為-6.76%，累積第1季的營收
為-9.4%。雖然前一年第4季盈餘創新高，但是，2015年第1季的
營收衰退。此時究竟要等5月公布第1季盈餘後再下決定，還是先
獲利了結呢？

圖 3　永裕 2015 年第 1 季營收為負成長

　　投資達人王先生覺得，2015年的前景不明，無法掌握，加上永裕股價從2014年10月的28.7元起漲，已經有不少獲利，所以在2015年4月上旬公布3月營收後，便以37元賣出。

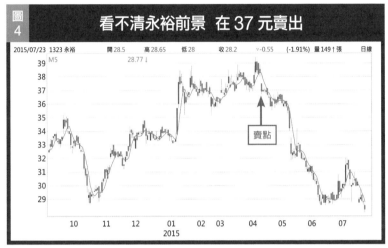

圖
4

看不清永裕前景　在 37 元賣出

2015/07/23 1323 永裕　　開28.5　　高28.65　　低28　　收28.2　　▽-0.55　　(-1.91%) 量149↑張　　日線

賣點

資料來源：CMoney法人投資決策系統

　　事後證明，2015年第1季的每股盈餘大幅衰退。同年，上海廠的營收和獲利也持續下滑不再成長，導致永裕股價跌破30元，盈餘連續2季衰退。由此可見，當個股的前景無法看清楚時，必須先處理掉股票。

全盤考量
保持操作的彈性

投資就像在濃霧籠罩的山路中開車，必須戰戰兢兢，若前面的路況看得清楚就繼續前進；如果看不清楚，最好先停車等路況較佳後再做處理。

永裕這個故事中，投資達人王先生一開始觀察到國際原料價格下跌，預計此狀況將使得獲利提高，以此做為買進的依據，卻因為公司過去買的高價原料存貨很多，所以成本仍然很高，獲利並無法提升，但是原料價格下滑的事實存在，獲利終究會往上。就像開車由標高 100 公尺的山腰，前往 1,000 公尺高的深山，你認為走完這

個下坡，接著就是上坡，但過了一個髮夾彎後發現，前面仍是下坡，你不繼續前進嗎？

第 2 次操作永裕，就如同車子已經來到相當高度，雖然不確定未來是否有更多的上坡，但是已有訊號示警，前面 100 公尺後將有險降坡，你覺得高點還會很久嗎？當然險降坡後也有可能再上高峰，這就要等到之後才能再確認。

投資其實相當困難，要依據現有數據、參考經濟景氣的大方向做好決策，如果你對未來看得很清楚，可以不用為了中間出現的雜訊而改變策略。但是，當你在相對高點看不清楚未來展望時，其實可以選擇獲利了結。

$ 買進依據消失或後市不明 必須賣出

2012 年上半年，永裕第 1 季的每股盈餘為 0.58 元，接著第 2 季是 0.54 元，雖然盈餘下滑，但比前一年同期的 0.5 元及 0.31 元成長，預估隨著原料價格持續降低，將使得獲利上升，是不錯的買進時點。

但是第 3 季的每股盈餘再度下跌，僅有 0.52 元，比

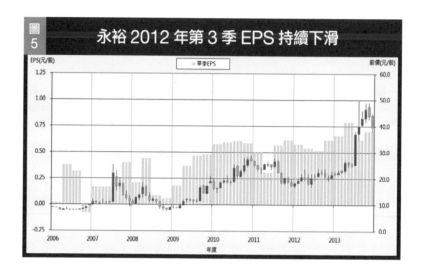

圖5　永裕 2012 年第 3 季 EPS 持續下滑

起第 2 季的 0.54 及前一年同期的 0.57 元還低，不過因為影響獲利的因素可以掌握，長期並未偏離預估的趨勢，所以仍可繼續持有，無須賣出。事後證明，第 4 季的每股盈餘 0.62 元，獲利創新高。

　同樣以永裕為例子，2015 年 3 月底公布前一年第 4 季的財報，由於上海廠持續貢獻營收獲利，每股盈餘來到 0.89 元，創歷史新高，同時股價也由前一年 10 月的 28.7 元漲到 39.4 元，但是 2015 年第 1 季的營收為負成長。接著，永裕上海廠的主要客戶之一寶鹼公司，在

美國的股價大跌，進而引發獲利預警。在看不清楚前景下，獲利了結似乎是不錯的決策。

回頭看 2015 年第 1 季，永裕的每股盈餘由前一年第 4 季的 0.89 元下滑到 0.52 元，第 2 季持續下探，降到 0.45 元，是近 3 年單季獲利的最低點。股價由 39.4 元跌破 20 元，跌幅近 50%。

買進股票時必須對未來的前景有所預期，可能是成長或持平，如果未來和預期的趨勢相同，就無須擔心，可以繼續持有；反之，若是與你預期的趨勢相反，或者看不清前景時，停損或獲利了結是不錯的選擇。

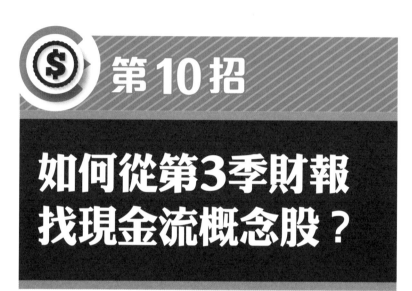

第10招

如何從第3季財報找現金流概念股？

上市櫃公司一年會公布4次的財務報表，其中第3季的財務報表最重要，因為每年11月中公布第3季財務報表後，下一次公布是在隔年的3月底，中間的財務報表空窗期有4個多月，用功的投資人可以上下其手，吃現金流概念股的豆腐。

 漢唐（2404）
盈餘爆發後買進 大賺80%以上

　　每年11月中旬時，各公司就會公布第3季的財務報表，用功的投資人就可以開始準備，找出可以「吃豆腐」的「現金流概念股」，方法是從第3季財報公布日開始找出標的及買進，到隔年的股息公布日或股息發放日獲利了結，用分析與計算來達成套利的目的。

　　每年到了第3季時，我們就可以利用前3季的財務數字估計全年度的盈餘，找出當年度盈餘成長的公司，先估計其股息，再來評估股價，如果股價相對便宜就可以買進，等到次年年初股息公布，各種高殖利率概念股在2～4月陸續躍上媒體版面時，想要賺價差的人就可以逢高賣出。

　　漢唐（2404）就是一家非常適合利用這個方法套利的公司，以下是操作的5個步驟。

第10招

▶ 如何從第3季財報找現金流概念股？

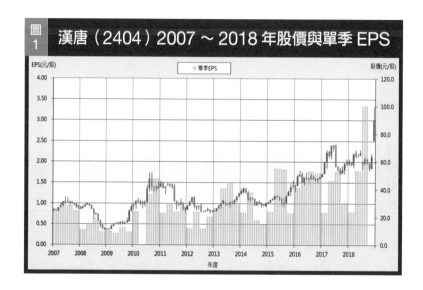

圖1 漢唐（2404）2007～2018年股價與單季EPS

步驟① 確定前3季盈餘優於去年同期

漢唐2018年的前3季每股盈餘分別為0.79元、1.78元、3.34元，比起2017年前3季的0.78元、1.54元、1.76元大幅成長（見圖1），符合第3季「吃豆腐概念股」的原則，也就是盈餘比前一年持續成長。

步驟② 追蹤第4季營收 確定盈餘成長

為了避免第4季的營收衰退，導致第4季盈餘無法成長，仍然要追蹤第4季的營收。因為前3季盈餘成長，不表示第4季盈餘也

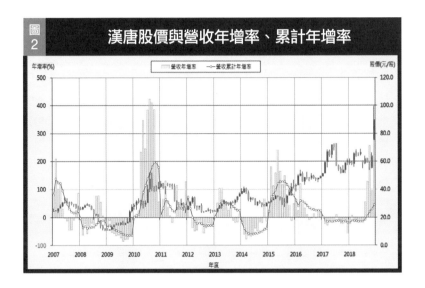

圖2　漢唐股價與營收年增率、累計年增率

會成長，但是公布第3季盈餘時，營收也公布到10月份了，表示我們也有12分之10的把握了。漢唐2018年10月的營收年增率是250%，1～10月累計年增率也在20%以上（見圖2），由此可判斷，漢唐2018年整年度營收及盈餘都是正成長的機率相當大。

步驟③ 估計全年盈餘和現金股息

我們用漢唐近4季每股盈餘6.93元來估計（見圖3），2018年的每股盈餘約為7元（取整數），在10月份營收增長250%的前提下，每股盈餘7元的估計應該還算是保守穩健，不至於估得太過離譜。

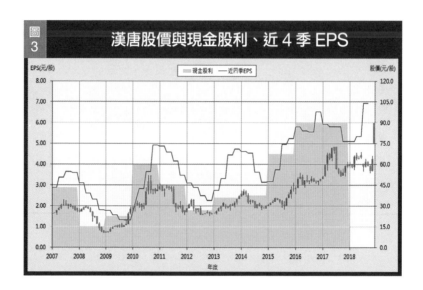

圖3 漢唐股價與現金股利、近 4 季 EPS

步驟 4 估計要發放的現金股息

漢唐在2017年的每股盈餘是5.1元，配6元現金股息（見表1），我們估計2018年的盈餘是7元，依照2017年的經驗，5.1元配6元，配息率為117%，如果2018年盈餘是7元，應該可以配8.19元。但是，在正常情況下，現金股息應該要低於每股盈餘，所以我們估計現金股息應該維持和前一年一樣，也就是6元。

事後驗證，漢唐2018年的現金股息是10元，表示我們的估計相當保守，不過投資就是要以穩健為原則，估計得太樂觀，雖然會增加很多投資的標的，但是風險也會隨之增加。

表1	漢唐 2012 ～ 2018 年市值、本益比、股利						
年度	2012	2013	2014	2015	2016	2017	2018
最高總市值（百萬元）	8,338	8,981	9,815	10,768	12,626	17,153	17,991
最低總市值（百萬元）	5,622	5,801	6,671	6,909	9,529	11,876	12,817
最高本益比	10.00	14.00	10.02	11.35	10.71	12.14	13.62
最低本益比	6.00	7.00	6.17	7.77	7.94	8.81	8.51
現金股利（元/股）	1.80	2.40	2.50	4.50	6.00	6.00	?
每股盈餘（元/股）	2.28	4.73	3.14	5.24	6.52	5.10	?

步驟 ⑤ 估計目標價

我們以預計現金股息6元、殖利率5%來推估目標價，合理股價為120元（6元÷5%＝120元）。

評估日當天（2018年11月15日）的股價為60元，預計可以獲利100%，要依照計劃執行買進嗎？

 後續發展

我們依照計劃在2018年11月15日以60元買進漢唐。

2019年3月，漢唐公布前一年度現金股息為10元（見圖4），每股盈餘則為9.42元，比起我們估計的每股獲利7元、現金股息6元好太多了，於是在股息公布日的110元獲利出場，價差為50元，短短4個月獲利率達83.33%，相當不錯。

當然，如果你採用的是成長股投資法，既然是在60元的低價買進，而漢唐的盈餘也持續成長，不妨繼續持有。後來漢唐的股價果真漲到250元以上，長期投資的報酬也非常好。

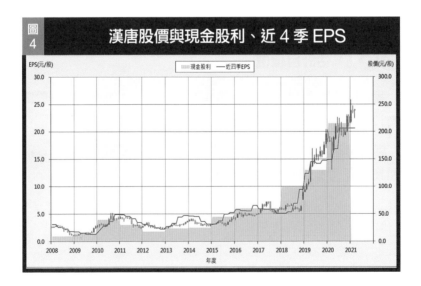

圖4 漢唐股價與現金股利、近4季EPS

股息持續成長
比高殖利率重要

很多人喜歡高殖利率股,但是很可能會得雞賠牛,也就是賺了一點點股息,卻賠了一大堆本金,主要的原因有二:第一是買的價格不夠便宜,第二則是買到衰退股。

假設某家公司的股息是 5 元,在某年第 3 季財報公布時它的股價是 80 元,殖利率是 6.25%,但是當時你沒注意到這檔股票,等到隔年 3 月漲到 100 元時,報章雜誌大肆報導高殖利率股消息,你才注意到它,並用 100 元買進。如果這家公司不再成長,每年穩定配發 5 元,

你每年賺到的股息就只有 5 元，殖利率是 5%，雖然比定存利息高，但你其實錯失了在前一年股價 80 元、殖利率 6.25% 時買進的機會。

另外，假設這家公司的獲利是衰退的，例如前一年每股盈餘 7 元，現金股息為 5 元，但是當年度每股盈餘估計僅有 4 元，發放的股息可能只剩 3 元以下，獲得 5 元股息的機率相當低；如果目前的股價是 100 元，你用去年的股息 5 元算出殖利率是 5% 並因此買進，是不切實際的，因為最後很可能只能發放 3 元，以股價 100 元來計算殖利率，就只有 3.3%，而且股息持續衰退，根本不適合存股。

如果投資標的當年度的盈餘可能比前一年度衰退，還奢求能夠獲取和前一年一樣的股息水準，是一廂情願的想法，到時候不但可能沒辦法拿到預期的高股息，甚至會因為獲利衰退，導致股價下跌、本金縮水，結果變成雞（股息）和牛（價差）全失了。

$ 須確認營收是否來自經常性獲利

漢唐這家公司，是依照資料庫選股找到的，選股的方法如下：

❶ 本年度前 3 季的每股盈餘均高於前一年同期的每股盈餘。

❷ 過去股息發放率都在 70% 以上。

❸ 估計的殖利率高於 5%。

我們找出漢唐的第 1 個理由是，2018 年前 3 季每股盈餘為 5.79 元，比前一年度的 3.99 元成長 45%，而漢唐 2018 年第 3 季為止的近 4 季每股盈餘為 6.93 元，也高於 2017 年度的 5.1 元，看起來是檔成長股，而且當時兩岸的晶圓廠都在大力擴廠，漢唐的前景相當明確，若在 60 元買進，以近 4 季每股盈餘 6.93 元估計，本益比低於 10 倍，而且用前一年度的現金股息 6 元來估計，殖利率高達 10%，可以判斷股價相當便宜。

接下來就要確認其獲利是否為經常性獲利，而不是一次性的非經常獲利，這點也可以從財務報表來看。

用前 3 季的獲利數字來分析，漢唐的營收成長由 99 億 2 千多萬元成長到 103 億 7 千多萬元，而且營業淨利率維持在 13% 不變，並沒有衰退（見圖 5）。

再從營業外收入及支出的內容附註來看，漢唐的其他收入主要是股利收入，而且十分穩定，其他利益及損失主要是外幣兌換利益及損失，是一般企業都會有的正常情況（見圖 6）。

圖 5　漢唐 2017、2018 年前 3 季 綜合損益表

漢唐製成股份有限公司及子公司
合併綜合損益表
民國一〇七年及一〇六年七月一日至九月三十日及一〇七年及一〇六年一月一日至九月三十日
單位：新台幣千元

		107年7月至9月		106年7月至9月		107年1月至9月		106年1月至9月	
		金額	%	金額	%	金額	%	金額	%
	營業收入(附註六(廿二)及七)：								
4520	工程收入(附註六(六)、(廿二))	$ 4,315,916	99	2,811,741	98	10,214,283	98	9,707,558	98
4600	勞務及設計收入等	38,738	1	66,134	2	160,448	2	213,583	2
	營業收入淨額	4,354,654	100	2,877,875	100	10,374,731	100	9,921,141	100
	營業成本(附註六(七)、(十八)、(廿四)、七及十二)：								
5520	工程成本	3,390,068	78	2,356,614	82	8,362,975	81	8,072,863	81
5600	勞務及設計成本等	42,427	1	95,970	3	117,267	1	183,368	2
	營業成本	3,432,495	79	2,452,584	85	8,480,242	82	8,256,231	83
	營業毛利	922,159	21	425,291	15	1,894,489	18	1,664,910	17
	營業費用(附註六(十三)、(十七)、(十八)、(廿四)及十二)：								
6100	推銷費用	24,844	1	(2,320)	-	38,933	-	18,537	-
6200	管理費用(附註七)	227,647	5	142,088	5	500,502	5	395,240	4
6300	研究發展費用	8,035	-	10,851	-	26,615	-	32,235	-
6450	預期信用減損損失(利益)(附註六(五))	4,224	-	-	-	16,417	-	-	-
	營業費用合計	264,750	6	150,619	5	582,467	5	446,012	4
	營業淨利	657,409	15	274,672	9	1,312,022	13	1,218,898	13
	營業外收入及支出：								
7010	其他收入(附註六(廿五)及七)	362,168	8	276,989	9	373,548	4	296,919	3
7020	其他利益及損失(附註六(廿五))	(52,881)	(1)	(13,037)	-	126,127	1	(265,711)	(3)
7100	利息收入	37,998	1	23,799	1	108,027	1	72,156	1
7510	利息費用(附註六(廿五)及七)	(1,604)	-	(1,877)	-	(4,781)	-	(4,983)	-
7370	採用權益法認列之關聯企業及合資利益之份額(附註六(十一))	12,010	-	16,126	1	49,198	-	36,375	-
	營業外收入及支出合計	357,691	8	302,000	11	652,119	6	134,756	1
	繼續營業部門稅前淨利	1,015,100	23	576,672	20	1,964,141	19	1,353,654	14
7950	減：所得稅費用(附註六(十九))	213,982	5	124,200	4	477,427	5	310,978	3
	本期淨利	801,118	18	452,472	16	1,486,714	14	1,042,676	11

經過財務報表分析，可確認營業外收入及支出項目幾乎都是經常性項目，沒有一次性的非經常性項目，所以可以判斷用近 4 季經常性的每股盈餘 6.93 元來計算本益比，以及用估計的現金股息 6 元來評估殖利率，都是適當的。由此可得知，以 60 元買進漢唐是相當睿智的投資決定，再來就是要判斷何時應該獲利了結。

圖6　漢唐 2017、2018 年前 3 季營業外收入及支出

(廿五)營業外收入及支出

1.其他收入

合併公司民國一〇七年及一〇六年七月一日至九月三十日及一〇七年及一〇六年一月一日至九月三十日之其他收入明細如下：

	107年 7月至9月	106年 7月至9月	107年 1月至9月	106年 1月至9月
出售下腳收入	$　1,144	2,219	5,963	11,172
股利收入	356,400	257,432	356,400	257,432
租賃收入等	4,624	12,614	11,185	23,591
備抵呆帳迴轉	-	4,724	-	4,724
	$　362,168	276,989	373,548	296,919

2.其他利益及損失

合併公司民國一〇七年及一〇六年七月一日至九月三十日及一〇七年及一〇六年一月一日至九月三十日之其他利益及損失明細如下：

	107年 7月至9月	106年 7月至9月	107年 1月至9月	106年 1月至9月
處分不動產、廠房及設備利益	$　　1	(5)	213	(5)
處分投資利益	-	-	-	2,012
外幣兌換利益(損失)	(13,014)	(10,932)	103,674	(271,680)
透過損益按公允價值衡量之 金融資產評價利益	(33,540)	1,184	38,042	13,111
其　　　他	(6,328)	(3,284)	(15,802)	(9,149)
	$　(52,881)	(13,037)	126,127	(265,711)

　　如果你採用的是「事件投資法」，就是賭某種事件發生，並在發生後獲利了結，那麼在隔年3月漢唐公布股息為10元時，就可以在110元賣出獲利了結。如果你看好漢唐的營業及獲利成長潛能，只要漢唐的獲利持續向上，就可以抱住不賣，直到漢唐的前景不再清楚，或獲利衰退時再處分。

NOTES

Part 4

操作技巧

選股除了要看基本面和技術面,籌碼面也相當
重要,如果能搭上法人、主力或企業作帳的順
風車,就有機會享受到股價暴漲的巨額獲利。
相反地,如果個股遭遇逆風,或是發展前景不
明,也要懂得適時停利、停損,才能不被市場
打敗,在股海中持續生存,賺取長期且穩定的
報酬。

第11招

股價意外大跌
該怎麼辦？

小心翼翼選股，然後重押，其實一開始
獲利也不錯，但是因為突發事件，走勢
一下子變得不明朗，不曉得要獲利了
結，還是該繼續持有？其實，你還有第
3個選項，就是先認賠出場，等到情勢
明朗再追回，雖然必須付出低檔賣出、
高檔追回的成本，然而這也是想在股市
長期生存所需支付的「保險費」。

南僑（1702）
爆發混油事件 股價重挫

　　南僑（1702）在中國發展烘焙油一直很順利，股價從2013年初的20幾元漲到2014年7月的70多元，但隨著「混油事件」擴大，南僑的股價也受到影響。

　　2014年10月15日，南僑爆發食用油疑混油案件，新聞刊出南僑有30批油品，包括5批牛油、22批椰子油及3批棕櫚核仁油，以工業用油報關，規避食品輸入查驗登記，雖然南僑後來出具相關證明，表示這批油品「精煉後可供人類使用」，但仍是遭到主管機關重罰3,000萬元，隔天，南僑股價一開盤隨即跌破50元。

　　面對股價意外重挫，手中持有南僑股票的投資人該怎麼辦？

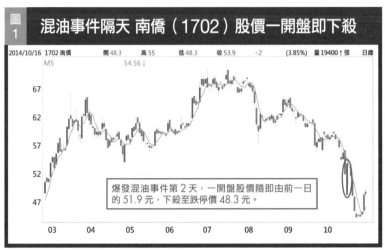

圖1　混油事件隔天 南僑（1702）股價一開盤即下殺

2014/10/16　1702 南僑　　開 48.3　　高 55　　低 48.3　　收 53.9　　△2　　（3.85%）　量 19400↑張　　日線

M5　54.56↓

爆發混油事件第 2 天，一開盤股價隨即由前一日的 51.9 元，下殺至跌停價 48.3 元。

資料來源：CMoney法人投資決策系統

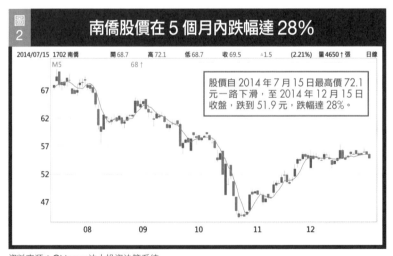

圖2　南僑股價在 5 個月內跌幅達 28%

2014/07/15　1702 南僑　　開 68.7　　高 72.1　　低 68.7　　收 69.5　　△1.5　　（2.21%）　量 4650↑張　　日線

M5　68↑

股價自 2014 年 7 月 15 日最高價 72.1 元一路下滑，至 2014 年 12 月 15 日收盤，跌到 51.9 元，跌幅達 28%。

資料來源：CMoney法人投資決策系統

 **後續發展**

　　有位投資達人陳先生，在南僑從51.9元往下殺到48.3元時分批賣出持股，原因很簡單，他不清楚事件的未來發展。

　　2014年10月15日，南僑有123項產品被桃園縣衛生局要求下架，並進行油品檢驗。在此期間，即使南僑的供應商跨海提供食用油證明，也無法改變縣政府及市場的觀望心態，到了2014年10月19日，終於出現抽驗合格的新聞。

　　桃園縣衛生局表示，有關南僑油品案，已獲衛福部食藥署通知為合格，且原料油輸出證明屬實，加工可供食用，故桃園縣衛生局同意南僑123項產品上架販售，並於19日上午同步派員解封被封存的油槽。

　　對此，南僑表示，已通知全國客戶，「就123項預防性下架產品，依法即時恢復上架」，南僑桃園廠也加緊生產補貨中，全系列產品安全無虞，依法可全面販售。

　　陳先生之前分批賣出持股後，接著於低檔小買，10月29日開盤後，南僑股價從45.5元持續上漲到48.4元，確定築底初步完成，他就開始大幅買進，最後，在隔年的4月，股價回到70元，他把持股全數賣出，獲利了結。

個股前景不明
退出觀望是好選擇

當個股遇到突發事件而前景不明時，有些投資人相信，這只是暫時性的問題，公司終究會回歸正常發展軌道，股價仍是會回來。但是，有些投資人可能會先停損、出場觀望，待前景確定時，再回補該檔股票。

股市中有一句名言「人家恐懼、我貪婪」，當企業遇到小麻煩時，低價回補將會大賺錢，可是如果遇到的不是小麻煩而是大問題，低檔搶進的結果是低檔還有更低檔，大膽投資的結果是被抬出股市。

當不確定遇到的是小麻煩還是大問題時，宜退出觀

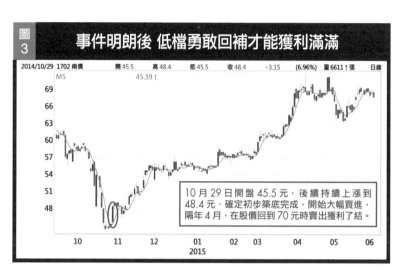

圖3 事件明朗後 低檔勇敢回補才能獲利滿滿

2014/10/29 1702 南僑　開 45.5　高 48.4　低 45.5　收 48.4　△3.15　(6.96%)　量 6611↑張　日線

M5　45.39↑

10 月 29 日開盤 45.5 元，後續持續上漲到 48.4 元，確定初步築底完成，開始大幅買進，隔年 4 月，在股價回到 70 元時賣出獲利了結。

資料來源：CMoney法人投資決策系統

望，等到事件明朗以後，再進場回補。重要的是，你敢於回補，即使已經漲 10% 也大膽回補。

即使基本面很好 仍建議空手、不操作

當南僑產品遭到預防性下架時，已公布 2014 年第 2 季財報，每股盈餘 1.09 元，比起前一年同期的 0.84 元不但創新高，而且還成長 29%，投資人甚至認為，南僑的每股盈餘可以到達 5 元，所以跌到 50 元附近，其實不貴。

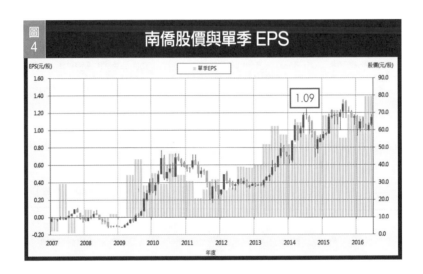

圖 4　南僑股價與單季 EPS

同年 8 月，南僑因中秋節月餅製作需求，食用油銷
量大增，帶動營收創新高，9 月淡季營收雖然略低，亦
是歷史次高，表示營業動能仍然很強勁。既然盈餘創新
高，營收動能強勁，股價也跌到不貴的價位，當公司的
未來成長可期，可否低檔搶進呢？

這個答案就見仁見智了，雖然財報是基本分析，也是
投資者最信賴的數據，但是面對不可知事件，其實先行
退出觀望，等到事情明朗再進場也不遲。何況食用油是
個大事件，以先前發生的塑化劑事件來看，消費者光為

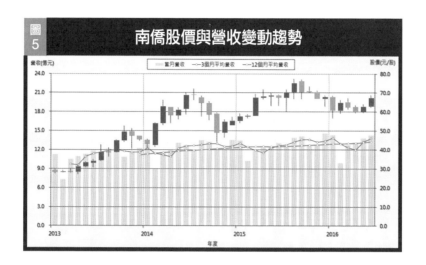

圖5　南僑股價與營收變動趨勢

了「滅頂」、拒喝味全牛乳就持續數年之久，如果食用油事件真的惹惱消費大眾，影響將難以評估。

　總而言之，當股價因突發事件而大跌時，其應對關鍵在於，事件明朗時你是否敢大膽進場，即使股價已經漲10%，也能毫不猶豫重押。在情景不明時低檔搶進是勇夫；待事件明朗時，在低檔或高檔搶進的人是智者。為了降低風險而認賠，確定危機解除後，勇於認錯回補，是成為投資大咖必須培養的能力。

第12招

小散戶也能
大吃外資豆腐？

元大台灣50（0050）及MSCI每個季度都會調整成分股，在個股正式被納入前，通常會有一波法人買進，等到生效日時，依規定，被動投資基金法人必須買進；反之亦然。受惠於這樣的現象和機制，讓散戶有機會吃法人豆腐。

上海商銀（5876）

搶搭外資熱錢順風車

　　2017年9月，我參加一個喝茶趴，主辦單位要求每位來賓貢獻2檔標的，我聽到隔壁的達人講了2檔股票，而這2檔後來都漲翻了，其中1檔雖然只是概念股，卻因為風電、電動車題材，股價漲幅高達數倍，不過，因為不是我的菜，加上每股盈餘不高，所以我就略過。

　　另外1檔我就有興趣，這檔是上海商銀（5876），它在未上市時我就有特別注意，只是我一直不知道有這樣的套利方法，可以吃外資豆腐。

　　過去幾年，上海商銀的每年盈餘都有成長，除了2016年有一些損失之外，而且它很敢配息，自2013年起連續多年配1.5元。依照銀行法規定，法定盈餘公積未達資本總額，最高現金盈餘分配不得超過資本總額的15%。由於股票的資本面額為10元，代表每年配發的現金股利上限為1.5元，而上海商銀是少數法定盈餘公積達到資本總額的銀行，所以發放的股利可以超過1.5元。

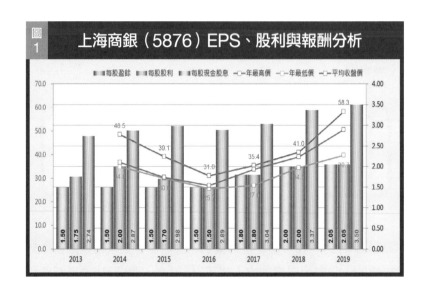

圖1 上海商銀（5876）EPS、股利與報酬分析

　　我估計，上海商銀2017年可以配到1.8元股利，依照5%殖利率推算，36元以下買進的風險不大。以當時價位32元買進、36元賣出，可以賺到2位數的報酬，是個不錯的投資標的。不過，買進當下上海商銀尚未公布第4季盈餘，而且能否如預期發放1.8元股利也是未知數，雖然以那時候的營收盈餘估計，達成率極高，而這樣的不確定性也是投資必須面對的風險。

　　然而，接下來要談的，才是我參加喝茶趴的最大收穫。上海商銀資本額超過400億元，以當時股價30多元來推算，市值可達1,200～1,300億元，排名位居台股前40名，依照0050成分股篩選標準，必須將它納入，在成分股調整公布之際，就會有外資開

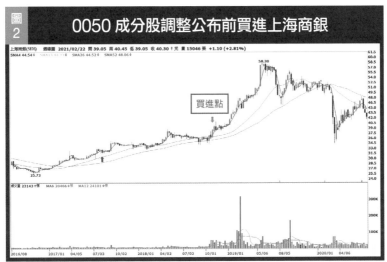

始行動，等到生效日時，被動型基金必須買進，所以我才會說，買進這檔個股，可以吃外資及被動投資基金的豆腐。

於是2017年9月，我在32元附近買進上海商銀，預計在它納入0050成分股開始生效時賣出。

我認為，縱使買進後被套牢，也有股利可以領，所以勝算很高。我的策略是，假設它可以獲利，且法定盈餘公積超過股本、發放1.8元股利，就能達到我設定的獲利目標。如果預估錯誤，只能發放1.5元，那麼用殖利率5％推算，價值為30元，以當時股價32元來計算，必須先領1次股利，讓投資成本下降到30.5元後，才會達到長期存股的目的，也就是說，要多等1年才能符合

原來的投資計劃。

　　隔年3月，上海商銀一如預期公布配發1.8元股息，我在買進後半年終於放下心中大石，安心了。實際上，買進這檔股票以來都是小漲、小跌，沒有讓我賠本，真的是不錯的投資。

　　接著來到2018年4月26日，上海商銀送件申請股票上市，隔日股價漲破36元，已經達到我預先設定的獲利目標，但是因為我想藉機吃外資豆腐，所以我願意再等6個月（申請上市通常要6個月才會過關），結果才過1個多月，上市案就通過了。

　　再來看上市的承銷價格，當時上海商銀在興櫃的股價約36元，承銷價為32.28元，打8折上市也算合理，若是中籤可以獲得超過2位數的報酬。

　　另外，投資朋友可以注意的是，欲申購初次上市的股票，除了抽籤外，也可採競價拍賣，如果這檔股票你很有把握，就可以參加競價拍賣，以上海商銀為例，其最低、最高得標價分別為33.12、39元，得標加權平均價格為34.31元，我有朋友在競價拍賣中以34元買到100張股票，就是買在不錯的價位。

　　接著就等上市，2018年10月19日上海商銀以35元開盤，收在最高價36.9元，外資買進2,349張，這是因為外資很少交易興櫃的股票，通常要等到上市才會買進，所以前述所說的吃外資豆腐就是這樣來的。

　　當初投資上海商銀的動機是，藉著它被納入0050成分股，被動基金必須買進的機制，趁機吃外資豆腐。不過，到了11月初，對

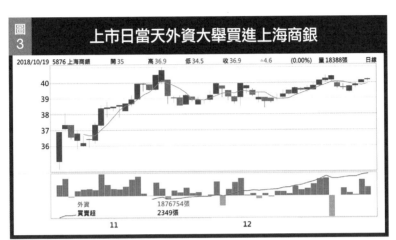

圖3 上市日當天外資大舉買進上海商銀

2018/10/19 5876 上海商銀　開 35　高 36.9　低 34.5　收 36.9　▲4.6　(0.00%)　量 18388張　日線

外資　　　　　　1876754張
買賣超　　　　　2349張

11　　　　　　　　12

資料來源：CMoney法人投資決策系統

於它何時能夠進入0050成分股，出現了兩種聲音，一說是在隔年2月，另一說則是要等到半年後，也就是5月評估時才可以納入。

　　後者是喝茶趴所持的論調，前者是分析師在報紙上說的，我們一向對分析師不太相信，而且先前類似的案例也是在半年後才被納入0050成分股。面對當時股價已漲到39元，比原先預定的36元高很多，要如何處置呢？

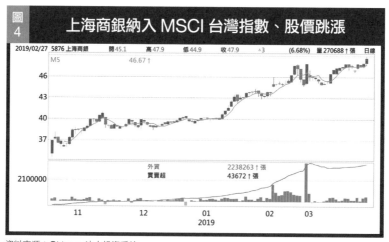

後續發展

　　我決定在39元獲利了結，總共持有1年2個月，所有親朋好友當初向我要明牌，我都說買上海商銀，結果每個人賺的都比我多，因為他們沒有被這個訊息干擾，持續等0050成分股的公告。

　　更重要的是，在0050成分股公布後，緊接著還有MSIC成分股的調整，這個事件對全球資金流動的影響更大。在0050成分股公告調整後，隔年2月11日，MSCI也發布台灣指數成分股將新增上海商銀。

　　從圖4可見，2019年2月27日因MSCI 效應，外資大買4萬多張，讓它的股價跳升到47.9元，距離我39元賣出，又少賺好多。

圖4	上海商銀納入 MSCI 台灣指數、股價跳漲

2019/02/27 5876 上海商銀　開45.1　高47.9　低44.9　收47.9　△3　(6.68%)　量270688↑張　日線

M5　46.67↑

46
43
40
37

外資　2238263↑張
買賣超　43672↑張

2100000

11　　12　　01　　02　　03
2019

資料來源：CMoney法人投資系統

關注成分股調整
讓主力幫忙抬轎

當一檔股票可能進入0050或MSCI成分股時，由於被動投資基金法人必須在生效日時買進，股價會開始上漲，只要是基本評價、本益比、殖利率或成長性不錯的公司，都可以先買進持有，坐享法人抬轎之便。

反之，如果個股可能從0050或MSCI成分股被剔除，依規定，被動投資法人必須在生效日時賣出，股價可能會跌一陣子。對於有基本面，本益比、殖利率或是前景不差的公司，可以等到生效日前後股價下跌時買進、撿便宜。

這個例子讓我學到，利用 0050 及 MSCI 成分股調整之際，可以大吃被動投資基金及外資的豆腐，要注意，因為兩者的評估日及生效日是重要的時間點，因此不需要先賣股，要是真的手癢可先賣一半。

另外，個股上市時，採用抽籤頂多只能買到 1、2 張，如果想取得較多張數，又不想在興櫃用「貴森森」的價錢買進，可以考慮參加競價拍賣，不過成本會比抽籤高。

⑤ 運用事件投資法 結果不如預期要出場

本案例是以基本分析搭配 0050 和 MSCI 成分股變更所做的投資策略，著重成分股的公布和生效時機，因此可稱為「事件投資法」。以上海商銀被納入 0050 及 MSCI 成分股為例，預期事件發生時，被動基金投資法人及外資必須買進，所以可預先布局。

這種投資法是預測某事件是否會發生，就如同當時上海商銀股價為 32 元，且尚未公布現金股息，先假定將配發 1.8 元現金股息，股價會漲到 36 元，據此做出買

進決策，若結果如預期，就可以獲利了結；反之，若結果與預估差距過大，不論賺賠都必須出場。

　　最後要提醒投資人的是，使用上述投資策略，在事件發生前，還必須密切注意一些事件的進程，例如：公司提出上市（櫃）申請、審議小組通過上市（櫃）申請、抽籤價格、進入 0050 或 MSCI 成分股的審議日期及生效日等。

第13招

操作景氣循環股 獲利到手應出場？

　　有時候，投資人會誤將景氣循環股當成有護城河的成長股，以致投資失利。其實，兩者的操作有很大不同，景氣循環股在景氣大好、獲利不錯時應該停利出場，而成長股如果確定獲利、營收盈餘能持續成長，則應該抱牢。

 國巨（2327）
用2招抓住驚驚漲行情

　　國巨（2327）從2017年3月宣布減資後，股價從年初的60元，漲到8月4日的120元，接著，8月18日減資換發新股的第1個上市日，開盤價為178元，除減資題材外，它的業績也不錯。可以看到，2017年國巨的營收在3月後逐月成長，持續創新高。

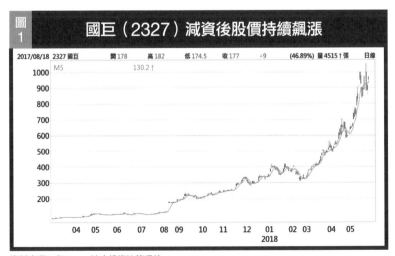

圖1　國巨（2327）減資後股價持續飆漲

| 2017/08/18 2327 國巨 | 開178 | 高182 | 低174.5 | 收177 | △9 | (46.89%) 量4515↑張 | 日線 |

資料來源：CMoney法人投資決策系統

　　近4季的稅後淨利也持續創新高，從8月18日減資開盤的178元，到了年底已經漲破350元，在這期間由於國巨股價和市值持續上漲，成為進入元大台灣50（0050）的候選股，同時，在此效應的帶動下，股價繼續上漲，這個部分在第12招上海商銀的案例中已介紹過。

　　2017年底，市場傳出被動元件產能不足的消息，其中利基型產品的缺口達20%，由於日系廠商將擴產目標鎖定於利基型產品，導致一般型的積層陶瓷電容（MLCC）更加缺貨，國巨董事長陳泰銘表示，「過去安全庫存約75～90天，目前僅剩下45天」，引發國巨連續4度調漲報價，法人預計2018年還會持續調價。

圖3　國巨 2017 年稅後淨利持續創高

2018年2月底，國巨股價在300多元盤旋，有位投資達人賴小姐，參加內外資專業投資人組成的登山社，其中一位社友為了驗證日系廠商缺貨的傳聞，專程搭機到日本進行產業調查，他回來後告知社友實際狀況，於是大家陸續進場，而賴小姐則是在380元買進。

接下來，國巨的營收逐月創新高，股價也持續上漲。2018年，國巨第3季每股盈餘更高達近35元。當你持有這樣的飆股時，會如何處理呢？

▶ 操作景氣循環股 獲利到手應出場？

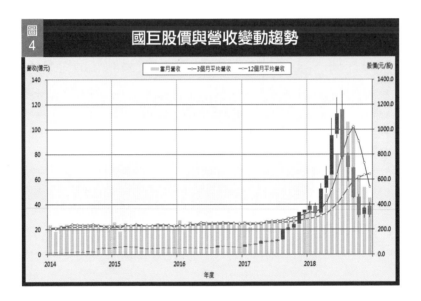

圖4 國巨股價與營收變動趨勢

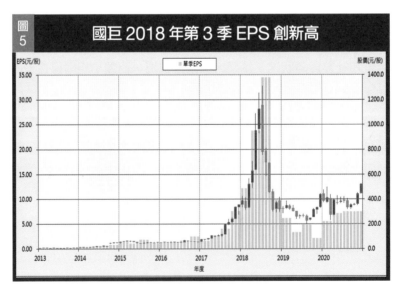

圖5 國巨2018年第3季EPS創新高

 **後續發展**

如果國巨的產品和台積電（2330）的技術一樣領先全球，而且持續擴廠的話，其實只要觀察它的營收盈餘是否持續成長就好，不用在乎股價，然而國巨並不是技術領先全球的公司，所以一時的股價上漲，不能以存股的心態來投資，必須獲利了結。

停利點的設定主要有以下2種：

方法① **移動停利點**

由《我如何在股市賺到200萬美元》的作者達瓦斯（Nicolas Darvas）所提出，投資者隨著股價上漲不斷調整停利點，通常可用股價最高點減10%～15%，或下跌達一定比率當作停利點，只要股價未跌到這點就續抱；反之即獲利了結。

方法② **以均線為判斷基準**

例如，短線投資者在股價跌破5日線時停利；中長期投資者在股價跌破月線或季線時獲利了結。

　　7月16日，當國巨跌破季線時，這位投資達人賴小姐以950元
獲利了結，當然如果跌破月線就停利，獲利會更高，不過有收益
就相當不錯了。

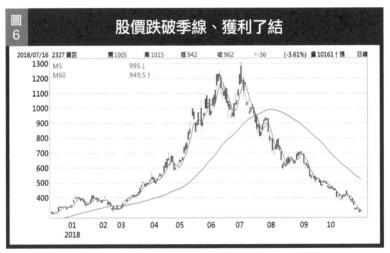

資料來源：CMoney法人投資決策系統

3因素造成
國巨股價暴漲暴跌

巨股價自減資後一路上漲，至2018年來到1,310元的最高點，隨後沒多久就跌破季線一路下探，究竟是什麼原因造成它的股價暴漲暴跌？

首先，國巨祭出減資秀，之前國巨董事長陳泰銘曾向媒體表示，因為公司股本過於膨脹，以致獲利和股價無法表現，所以想讓國巨下市私有化，不過，此計劃在龐大輿論壓力下宣告終止。

後來，於2017年3月改以減資的方式縮小股本、讓股價上升，這也是當時股市流行的手段，不過此策略得

以成功，也是因為國巨的營收盈餘仍持續成長。

接著是上演 0050 成分股爭奪秀，2018 年由於日月光（3711）與矽品（2325）的合併案，0050 須新增 1 檔成分股，候選名單包含國巨在內共有 5 檔，為了進入這個窄門，候選者的股價會不斷拉高，最後，國巨順利遞補進入成分股，再度帶動股價持續上漲。

再來是缺料風波，這情況有點像先進的晶圓代工廠多轉做高階產品，造成傳統晶圓產能吃緊，售價大幅地提高。被動元件也是一樣，由於日系廠商不再做一般型MLCC，加上沒有新的產能投入，使得國巨的產品成為缺貨的主流，於是營收及盈餘大幅上升，到了 2018 年第 3 季，每股盈餘居然高達近 35 元。但是，在創新高後，第 4 季每股盈餘開始大幅下滑，到了隔年第 1 季已下滑至 6 元，雖然獲利仍算不錯，但是已經撐不起千元股價。

自減資後，國巨股價從 2017 年年底的 353 元一路上漲，至 2018 年 7 月來到最高的 1,310 元，隨後 9 月底跌至 459 元。從它暴漲暴跌的股價脈絡可見，減資對

於推升股價的效果是短暫的，唯有營收和盈餘不斷地成長，股價才有持續成長的動能。

$ 分散投資才不會被抬出場

在國巨公布 2018 第 3 季財報獲利達最高點時，股價卻一路溜滑梯，這對看財報的投資人而言真是吃了一大敗仗。此即典型的資訊不對稱，因為有沒有訂單只有內部人才知道，外部投資人無法得知。而另一個導致投資失利的原因是，投資人誤將景氣循環股視為有護城河的成長股，當每股盈餘下跌，本益比也下殺，就會產生下跌乘數效應。

因此，如果你想投入大筆資金，必須親自確認網路及新聞媒體所發布的利多是否正確。這即是費雪（Kenneth L. Fisher）提出的「超級成長股投資術」，但是這種方法一般人學不來，只有人際關係不錯，能進行田野調查，並確認訊息正確的投資人方能為之。這個案例告訴我們，有一些來源可靠的朋友，彼此交換訊息，擴大自己的能力圈，是投資績效得以持續成長的動力。

　　投資達人賴小姐是因為登山社好友的推薦才買進，她並不認為國巨和台積電一樣，是以技術領先為護城河的成長股，所以當國巨的營收盈餘持續成長時，她採用移動停利法，跌破季線就獲利了結，這也是基本技術分析者必須學會的技巧。

　　此外，從國巨的案例也可得知，因產能不足導致股價上漲的投資標的，可以當成景氣循環股，在它獲利大幅提高、本益比很低時應獲利了結，而不是往上加碼。如前所述，針對像國巨這樣的飆股有 2 種操作方法，一是移動停利，由於停利點是隨著股價上漲不斷移動，所以可以抓到整個波段的獲利；另一種則是採用移動平均線為基準。

　　總而言之，投資必須分散於 5 ～ 10 檔標的，全部單押的結果，可能會落到「寫畢業文」的窘境。

NOTES

第14招

如何搭上 集團股作帳行情？

大家都說集團股於季底或年底作帳，會讓股價維持在高檔不跌。然而要作帳並不是那麼容易，假如景氣真的不好、獲利不佳，要作帳也很難。本文案例的作帳方法能讓我們長知識，值得一看。

📢 聯華（1229）
獲利衰退 財報卻能大逆轉？

聯華（1229）是著名的集團股，從2015年開始，都在第1季的季底拉高股價，以利集團作帳。像是2016與2017年，聯華第4季獲利成長，便宣布發放高額股息，輕鬆地讓股價續漲到隔年第1季的季底（見圖1）。

然而聯華轉投資的聯成（1313）從2018年開始遇到逆風，獲利持續下滑（見圖2），由於聯華持股占32.75%（見圖3），且是採權益法認列投資收益及損失（即按照持股比例認列轉投資公司的收益及損失），當時可預期聯華第4季的獲利將被拖累，連帶使股息減少。如此一來，該怎麼實現隔年第1季的季底作帳呢？

再看看聯華2018年（民國107年）第3季的財報（見圖4），2018年前3季獲利是19.2億元，比2017年的22.7億元衰退很多，2018年第4季看起來也前景不佳，財報面應該無法大逆轉。

結果聯華的股價在2019年1月觸底，到了28.85元後又開始往上漲，似乎仍能期待3月底的作帳行情，這時要不要買進呢？

第 14 招

▶ 如何搭上集團股作帳行情？

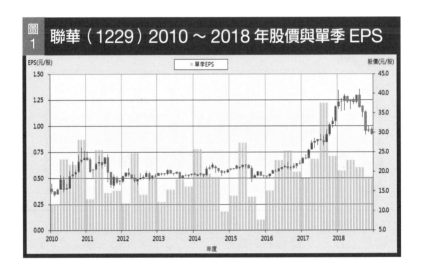

圖1 聯華（1229）2010～2018年股價與單季EPS

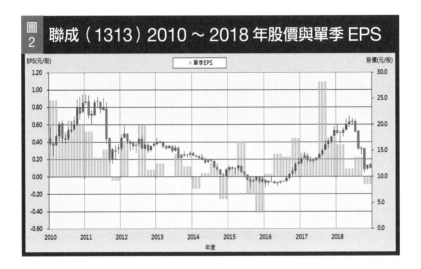

圖2 聯成（1313）2010～2018年股價與單季EPS

圖 3　聯華轉投資企業

(八)採用權益法之投資

合併公司於報導日採用權益法之投資列示如下：

	107.9.30	106.12.31	106.9.30
關聯企業	$ 17,851,879	17,660,986	16,474,300

1.關聯企業

對合併公司具有重大性之關聯企業，其相關資訊如下：

關聯企業名稱	與合併公司間關係之性質	主要營業場所/公司註冊之國家	所有權權益及表決權之比例		
			107.9.30	106.12.31	106.9.30
聯成化學科技(股)公司	主要業務為產銷有機酸、酸酐及其衍生物塑膠增韌劑，為合併公司之關聯企業。	台灣	32.75 %	32.03 %	31.38 %
聯華氣體工業(股)公司	主要業務為生產液體、氧、氫、乙炔等工業氣體，為合併公司之關聯企業。	台灣	50.00 %	50.00 %	50.00 %
神通電腦(股)公司	主要業務為從事系統整合服務自動化系統、應用軟體設計及工業電腦銷售，為合併公司關聯企業。	台灣	37.39 %	37.43 %	37.43 %

圖 4　聯華 2018 年前 3 季獲利衰退

		107年7月至9月		106年7月至9月(重編後)		107年1月至9月		106年1月至9月(重編後)	
		金 額	%	金 額	%	金 額	%	金 額	%
	營業收入：(附註六(十九)及七)								
4110	銷貨收入	$ 1,190,850	93	1,132,653	93	3,507,830	93	3,317,087	93
4300	租賃收入	86,866	7	81,899	7	258,188	7	231,770	7
		1,277,716	100	1,214,552	100	3,766,018	100	3,548,857	100
	營業成本：(附註六(七)及七)								
5110	銷貨成本	1,045,619	82	943,299	78	3,067,865	81	2,721,524	77
5310	租賃成本	28,168	2	29,544	2	84,830	2	83,943	2
		1,073,787	84	972,843	80	3,152,695	83	2,805,467	79
	營業毛利	203,929	16	241,709	20	613,323	17	743,390	21
	營業費用：								
6100	推銷費用	76,949	6	72,994	6	224,389	6	221,110	6
6200	管理費用	49,973	4	45,680	4	149,424	4	132,419	4
6300	研發費用	10,455	1	10,321	1	31,150	1	27,022	1
		137,377	11	128,995	11	404,963	11	380,551	11
	營業淨利	66,552	5	112,714	9	208,360	6	362,839	10
	營業外收入及支出：								
7010	其他收入(附註六(廿一))	194,318	15	230,253	19	202,837	5	233,397	7
7020	其他利益及損失(附註六(廿一))	(12,019)	(1)	226,601	19	(10,540)	-	166,538	5
7050	財務成本(附註六(廿一))	(7,140)	-	(7,471)	(1)	(21,458)	(1)	(21,956)	(1)
7060	採用權益法認列之關聯企業及合資損益之份額(附註六(八))	459,250	36	681,971	56	1,549,478	41	1,611,068	45
		634,409	50	1,131,354	93	1,720,317	45	1,989,047	56
	稅前淨利	700,961	55	1,244,068	102	1,928,677	51	2,351,886	66
7951	減：所得稅費用(附註六(十六))	(37,923)	(3)	28,103	2	441	-	74,024	2
	本期淨利	738,884	58	1,215,965	100	1,928,236	51	2,277,862	64

後續發展

　　我相信聯華集團2019年仍會有季底作帳行情，因此在2月18日月線穿過季線黃金交叉時，以30.6元買進。

　　接下來聯華上演了大逆轉秀，2019年3月28日，聯華發布新聞稿表示：「將台灣麵食事業及台灣租賃事業以分割方式分別移轉相關營業（含資產、負債及營業）予二家百分之百持有之子公司，屆時聯華實業將轉型為投資控股公司並更名為『聯華實業投資控股股份有限公司』。」

　　該新聞稿亦指出：「神通電腦股份有限公司（以下簡稱『神通電腦』）有2席董事辭任，且聯華實業今已取得神通電腦部分股東支持將再增加至少1席董事席位，聯華實業取得神通電腦過半數之董事席位，故聯華實業自3月份起之合併報表將納入神通電腦、神通資訊科技股份有限公司等2家子公司。」

　　其中最重要的是，神通電腦有2席董事辭任，聯華則增加1席董事，使得聯華董事過半，將僅持有37.39%股權的神通電腦納入2019年第1季合併報表。納入合併報表有何好處呢？當合併報表個體變動時，必須重新評價，便可以認列評價利益。

　　如果可以在2019年第1季認列巨額評價利益，就不用管2018年盈餘衰退和股息減少的影響。結果聯華在2019年3月29日以漲停板開出，季底作帳的目標達成。

聯華2019年第1季的稅後淨利為10.5億元，比起2018年的5.45億元大幅成長（見圖5），其中，將神通納入合併報表個體所認列的獲利就高達5.5億元（見圖6）。

另外，2019年第1季聯華的EPS（每股盈餘）達1元，較2018年第1季大幅成長，股價也有所表現。但是聯成的獲利不佳也是事實，所以我推測聯華2019年第2季的財報應該不好看，買進後要伺機獲利了結。

圖5　聯華 2019 年第 1 季合併損益表

僅經核閱，未依一般公認審計準則查核
聯華實業股份有限公司及子公司
合併綜合損益表
民國一〇八年及一〇七年一月一日至三月三十一日

單位：新台幣千元

	108年1月至3月		107年1月至3月	
	金額	%	金額	%
營業收入(附註六(廿三)及七)	$ 1,228,699	100	1,224,453	100
營業成本(附註六(六)及七)	1,027,385	84	1,021,008	83
營業毛利	201,314	16	203,445	17
營業費用：				
推銷費用	70,413	6	73,687	6
管理費用	51,778	4	48,282	4
研究發展費用	10,921	1	9,637	1
	133,112	11	131,606	11
營業淨利	68,202	5	71,839	6
營業外收入及支出：				
其他收入(附註六(廿五))	3,952	-	1,982	-
其他利益及損失(附註六(廿五))	566,597	46	7,109	1
財務成本(附註六(廿五))	(12,043)	(1)	(7,206)	(1)
採用權益法認列之關聯企業及合資損益之份額(附註六(七))	436,943	36	488,038	40
	995,449	81	489,923	40
稅前淨利	1,063,651	86	561,762	46
減：所得稅費用(附註六(二十))	13,496	1	16,568	1
本期淨利	1,050,155	85	545,194	45

▶ 如何搭上集團股作帳行情？

圖6　神通電腦納入合併報表投資利益達 5.5 億元

(八)取得子公司及非控制權益

1.取得子公司

合併公司原採權益法之關聯企業神通電腦(股)公司及神通資訊科技(股)公司，因合併公司於民國一〇八年三月二十八日取得神通電腦(股)公司過半數之董事席位，致合併公司對其有控制力，故自取得控制日起列入合併財務報告之子公司。

(1)取得收購日取得之可辨認資產與承擔之負債之公允價值明細如下：

	神通電腦 (股)公司	神通資訊科技 (股)公司
現金及約當現金	$　353,856	239,778
透過損益按公允價值衡量之金融資產	104,927	51,453
存　貨	537	483,091
應收票據、帳款及其他應收款	50,921	553,207
其他流動資產	1,870	1,710,963
透過其他綜合損益按公允價值衡量之金融資產	12,428,279	-
不動產、廠房及設備淨額	2,615,174	20,092
無形資產-電腦軟體成本	2,511	15,487
其他非流動資產	642,836	433,509
短期借款及應付短期票券	(509,811)	(822,819)
應付票據及應付帳款	(15,759)	(590,312)
其他應付款及其他流動負債	(21,199)	(364,159)
其他非流動負債	(82,789)	(182,337)
可辨認淨資產之公允價值	$　15,571,353	1,547,953

合併公司於民國一〇八年三月二十八日取得神通電腦(股)公司及神通資訊科技(股)公司控制力，並於該日按公允價值重衡量原採權益法之投資－神通電腦(股)公司股權及神通資訊科技(股)公司保留權益，並認列處分該股權投資利益計 551,654千元，其包含於合併綜合損益表之其他利益及損失項下，該處分利益中包括將與該關聯企業有關而先前認列於其他綜合損益重分類為損益之金額，並以該股權之公允價值為重新收購之對價。另上述關聯企業先前認列於其他綜合損益已重分類至保留盈餘項下，金額總計1,278,836千元。

174

最後，我在2019年8月6日聯華股價跌破季線的37元時賣出，
獲利將近20%。

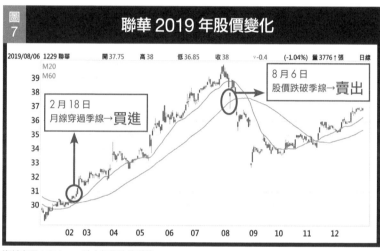

資料來源：CMoney法人投資決策系統

跟緊作帳常勝軍
逢低布局賺價差

有些集團公司，過去多有在季底或年底作帳，以美化財務報表的獲利數字，投資人可以留意這些有作帳習性的公司，從中找出可著墨的標的。

例如本文案例中的聯華神通集團就是其中之一，該集團旗下的公司包含了聯華、聯成、聯強（2347）、神基（3005）、神達（3706），以及 2003 年 11 月在紐約證交所掛牌上市的新聚思科技（Synnex Corporation，代號 SNX）等。

而遠東集團也很少在作帳行情中缺席，該集團旗下包

括了亞泥（1102）、宏遠（1460）、東聯（1710）、裕民（2606）、遠東銀（2845）、遠百（2903）與遠傳（4904）等公司。

由於集團各成員多半交叉持股，如果股價拉高，當季或當年的獲利便可以提高，甚至還能因此提高現金股息，所以不能輕忽作帳行情的重要性。

我賭聯華集團會在 2019 年第 1 季的季底上演作帳行情，除了因為該集團有作帳習性，也利用技術分析當成買進賣出的依據，在 20 日線（月線）突破 60 日線（季線）的黃金交叉 30.6 元時買進，並在 20 日線跌破 60 日線的 37 元時賣出，順利搭上了作帳行情。

💲 持股比例與董監事席位 攸關集團股損益

聯華這個案例，最厲害的地方在於財務報表個體改變，會導致巨額的評價利益或評價損失，所以投資者對於財務報表合併個體的改變要相當注意。

關於合併報表個體改變，有以下 4 種情形：

❶ 母公司對子公司持股超過 50%，合併報表須將子公司

納入。

❷ 母公司對子公司持股減少到 50% 以下，合併報表須
排除子公司。

❸ 母公司占子公司董監事超過半數，合併報表須納入子
公司。

❹ 母公司占子公司董監事低於半數，合併報表須排除子
公司。

當母公司對子公司持股超過 50%，除非有反證，否則
必須將子公司納入合併報表，並在納入合併報表的同
時，對該項投資的帳面價值重新評價，因而會產生評價
利益或損失。

反之，當母公司對子公司持股低於 50% 時，除非能
反證對子公司擁有控制權，否則必須將子公司由合併報
表中剔除，並對該項投資的帳面價值重新評價，因而會
產生評價利益或損失。最著名的例子是潤泰集團對中國
大潤發的控制權，因為持股小於 50% 而重新評價，導
致巨額的獲利。潤泰新（9945）2013 年第 3 季 EPS 高
達 26.56 元，就是因為重新評價後有了巨額的獲利挹注

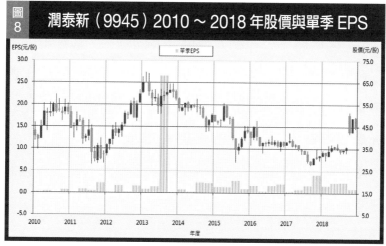

圖8 潤泰新（9945）2010～2018年股價與單季EPS

（見圖8）。

　　至於喪失過半數董監事席次而喪失控制權，導致財務報表個體改變，最著名的案例是台新金（2887）在2014年喪失彰銀的控制權，由於重新評價，導致當年度EPS大跌至0.08元，當然股價也大跌（見圖9）。

　　我們從台新金2014年12月的K線圖可以看到，公司的本質沒有改變，但是因為財政部收回當初支持台新金併購彰銀的默契，使得台新金股價由14元跌到12元（見圖10）。

　　至於持股未滿 50%，但是因為控制的董事名額超過 50%，因而將子公司納入合併報表的例子，最經典的就是聯華實業在 2019 年 3 月 28 日取得神通電腦過半數董事席位，讓原本採用權益法認列的長期投資，改採公允價值衡量，評價利益因此高達 5.5 億元。

　　由此可見，財務報表個體變更茲事體大，投資人必須注意發展，免得喪失獲利的機會，或因為沒注意而血本無歸。

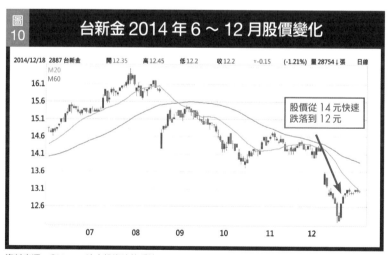

圖9 台新金（2887）2013～2020年每股盈餘與股利

■ 每股盈餘　　■ 每股股利　　■ 每股現金股息　　─□─ 年最高價　　─□─ 年最低價　　─□─ 平均收盤價

圖10 台新金2014年6～12月股價變化

2014/12/18　2887 台新金　　開12.35　高12.45　低12.2　收12.2　▽-0.15　(-1.21%)　量28754↓張　日線

M20
M60

股價從14元快速
跌落到12元

資料來源：CMoney法人投資決策系統

第15招

股市一直跌 該按紀律投資嗎？

有紀律的投資人在股市下跌時，會分批逐筆往下承接，而且跌越多加碼越多，然而當股市跌了30%以上時，你已經投入了60%的資金，而且大賠，這時你到底應不應該照著當初的計劃執行投資策略呢？

俄羅斯ETF（ERUS）
高度波動 潛藏獲利機會

　　俄羅斯是個產油國，股市也跟著石油價格上下波動，2014年俄羅斯由於油價下跌，導致盧布大幅貶值，人們還記得1998年美國的長期資本管理公司（Long-Term Capital Management，LTCM）遇到俄羅斯的金融風暴，使得手上大筆的俄羅斯債券無法賣出的流動性風險事件，就怕2014年也會再度發生。

　　我持續注意這次俄羅斯事件的動向，從2014年初到7月，石油價格原本漲到110美元，iShares MSCI俄羅斯指數ETF（iShares MSCI Russia ETF，代號ERUS）也來到21美元的波段高點，但2014年9月份以後又「慢慢」由21美元跌到16美元（見圖1），說是慢也不算慢，短短2個月跌了近25%。我依照該檔ETF過去股價的歷史研究，計劃在下跌20%時加碼第1筆、跌40%時加碼第2筆、跌60%時加碼第3筆、跌80%時全押。

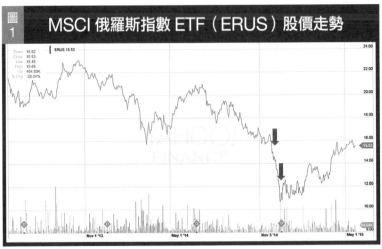

資料來源：Yahoo! Finance

　　後來，跌到15.2美元時，也就是跌了將近30%時，我進場買了第1筆，至2015年初帳上虧損24.64%；在12.7美元時，也就是從高點跌了40%時又加碼買第2筆，至2015年初賠了10%。

　　按照計劃，下一筆應該在股價跌到60%，也就是8.8美元時重押2倍，然後在4.2美元時全押。其實當時該檔俄羅斯ETF占我的總投資資金的損失也不過0.52%，不會有很大的影響，相對的，我在上證（上海證券交易所綜合股價指數）賺到的是俄羅斯ETF的好幾倍。

　　如果是你，會繼續執行第3筆和第4筆的加碼計劃嗎？

 後續發展

　　像俄羅斯ETF這種每天可以漲跌10%的標的，很可能晚上10點半下單，到了隔天起床發現又跌了6%，這也是投資國外ETF容易遇到的問題；另一方面，股價在短時間下跌40%，也不是很容易遇到的投資機會。

　　然而之所以會跌，絕對有其原因，投資人能夠在大跌時勇敢加碼，必須有其信念，當然最後不是大贏，就是全盤皆墨。

　　俄羅斯相關投資標的與原油的連動極為緊密，理論上，當原油價格崩跌時，分批加碼的風險有限。例如在原油價格跌破60美元、50美元、40美元時分3批買進，跌破30美元（金融海嘯時也只跌到37元）時全押，預計成本是38.75元，當原油價格回到50美元可以獲利29%，回到60美元時可以賺到54.8%，回到80美元時則可以賺106%。

　　這種操作方式勝率很高，但問題在於，俄羅斯或委內瑞拉這些國家可能會違約，甚至可能將上市公司國有化，或是停止買賣。俄羅斯總統普丁曾經要求一個企業家捐助巨額利潤，以協助因俄羅斯盧布大貶而需要紓困的中小企業，但遭到該企業家拒絕，於是普丁將之軟禁，導致前述的俄羅斯ETF當天跌了30%；後來普丁將之釋放，該檔ETF又回升30%。發生這種事情的機率雖然不高，但不代表不會發生，而且一旦發生了，足以讓你原本2～3成的獲利全都吐回去。

　　回到前面的問題，當該檔俄羅斯ETF股價來到11.63美元，距離原本計劃要加碼的8.8美元還有一段距離，你會按照計劃下單，還是止損保本退出？畢竟突擊隊深入敵境，可能取得敵人大將的首級，也可能中伏全軍覆沒。

　　我當時的成本是（15.2×100＋12.7×200）÷300＝13.53元。後來，我在2015年4月21日賣出，收盤價為13.7美元，小賺出場。

金字塔投資法
跌越深 買越多

金字塔投資策略是一個往下加碼的買進策略，通常是從高點跌 10%、加碼 10%，跌 20%、加碼 20%，跌 30%、加碼 30%，跌掉 40% 時，剩下的 40% 全押（見圖 2）。在買進的過程雖然一路賠，但也一路攤低成本，等到股市均值回歸時，再獲利出場。

不過，不同市場的波動程度不同，像俄羅斯這種高度波動的國家，我會修正為跌 20%、加碼 10%，跌 40%、加碼 20%，跌 60%、加碼 30%，跌 80% 時，剩下的 40% 全押。

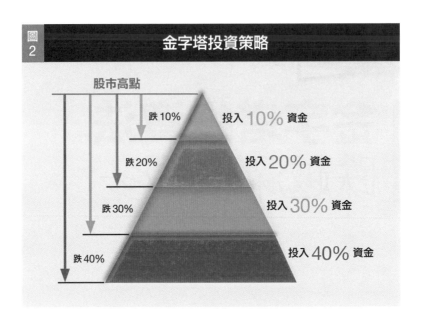

圖2 金字塔投資策略

股市高點

跌10% 投入 10% 資金

跌20% 投入 20% 資金

跌30% 投入 30% 資金

跌40% 投入 40% 資金

　　從我的案例來看，買進前 2 筆後，資金用掉了 30%，平均成本在 13.5 美元附近，虧損約 15% 左右，賠得其實不多。

　　但是如果再往下跌 60%、股價 8.8 美元時，你還會再押 30% 的資金嗎？以那時的平均成本 11.1 美元來計算，帳上虧損會達到 21%；如果再跌到 4.2 美元時全押，那時的平均成本會是 8.3 美元，帳上虧損近 50%，你有辦法忍受嗎？

這裡其實有 2 個問題沒解決，第 1 個是，你對俄羅斯這個股市有信心嗎？也許你對美國的 S&P 500 ETF（SPY）或台灣 50 ETF（0050）會有信心，但是你對俄羅斯或巴西、智利這種國家熟悉嗎？你敢這樣一直往下投資、用光 100% 的資金嗎？如果你起了懷疑，就會造成你情緒上的壓力，可能在低檔時不但不敢加碼，反而為了減輕痛苦，認賠了事。

第 2 個問題是，使用金字塔投資法，可能只買進第 1 筆或第 2 筆之後，股價就上去了，你準備的大筆資金，等了很多年，結果買進 10% 或 30%，就沒機會再加碼，相對於總金額的 100%，獲利也只有一點點。

⑤ 五線譜＋樂活通道 更能掌握進出場時機

以下從五線譜投資法出發，以前述的俄羅斯 ETF（以下簡稱 ERUS）為例，說明該如何操作。

像 ERUS 這種投資標的，如果你對它的信心不足，最好是採取雙重標準，也就是同時考慮金字塔投資法與五線譜投資法。

　　金字塔投資法幫你決定投資的比重，而五線譜投資法則是幫你決定進出場的時機，以 ERUS 的五線譜為例，它是典型的負斜率型態，也就是股價長期往下跌的趨勢，這種標的的風險比較大，給投資人的心理壓力也比較大，所以入門投資者盡量不要選這種標的來投資。

　　若以金字塔投資法來看，ERUS 跌到 15.2 美元時應該進場，但樂活通道卻顯示，跌破 15.2 美元就跌破下沿，不建議加碼。在五線譜跌破趨勢線減 2 個標準差的悲觀區時，價格為 12.5 美元，也不建議加碼，回到通道下沿的 11 ～ 12 美元間才能加碼（見圖 3）。

　　比起原本的策略，也就是 15.2 美元買進 10%、12.7 美元時買進 20%，不如一次在回到通道內時，買進 30%，買進價格會比原來的金字塔投資法還低，又可降低恐懼心理，讓自己晚上睡得著。

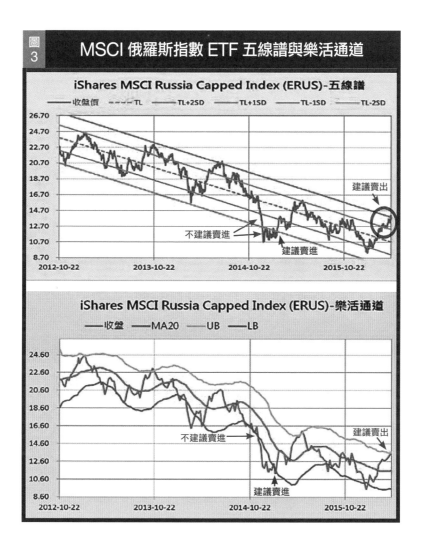

圖3　MSCI 俄羅斯指數 ETF 五線譜與樂活通道

iShares MSCI Russia Capped Index (ERUS)-五線譜

—— 收盤價　------ TL　—— TL+2SD　—— TL+1SD　—— TL-1SD　—— TL-2SD

建議賣出

不建議賣進

建議賣進

iShares MSCI Russia Capped Index (ERUS)-樂活通道

—— 收盤　—— MA20　—— UB　—— LB

不建議賣進

建議賣出

建議賣進

第16招

靠可轉債套利
何時該獲利了結？

很多股票投資人看到自己投資的公司發行可轉債，第一個反應都是能逃則逃，甚至停損出場。實際上，公司發行可轉債時是不錯的套利機會，但短期低買高賣的套利操作，真的聰明嗎？

信邦（3023）
宣布發行可轉債 股價開始走下坡

　　2017年3月9日，信邦（3023）發布重大訊息，公告要發行國內第6次無擔保可轉換公司債（簡稱可轉債），計5億元。

　　證期局於2017年5月10日核准生效後，信邦於5月22日再度發布重大訊息，信邦簽訂國內第6次無擔保轉換公司債的委託代收價款及專戶存儲價款行庫合約。

 小辭典

可轉債

　　可轉換公司債（Convertibal Bond，縮寫CB）的簡稱。發行公司定期支付利息給投資人，且附有可轉換為普通股的權利。當發行公司的股價上漲時，投資人可在市場上賣出可轉債，或依轉換比率將可轉債轉換為普通股，以賺取資本利得。當發行公司的股價下跌時，投資人可領取固定債息，或於到期時取得本金及利息。

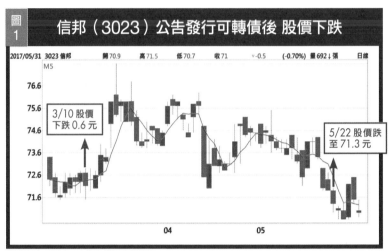

圖1

信邦（3023）公告發行可轉債後 股價下跌

2017/05/31 3023 信邦　　開 70.9　　高 71.5　　低 70.7　　收 71　　▽ -0.5　　(-0.70%) 量 692↓弱　　日線

3/10 股價
下跌 0.6 元

5/22 股價跌
至 71.3 元

資料來源：CMoney法人投資決策系統

　　3月9日公布後，隔天3月10日股價跌0.6元，收在72.1元，因為市場通常會認為，公司發行可轉債將稀釋每股盈餘（EPS），以及如果壓低股價，可降低可轉債的轉換價格，提高轉換股數，所以股價可能會下跌，投資人應觀望為宜。

　　5月22日公布委託代收價款銀行時，股價由當時波段的高點跌到71.3元，但其實這時候可以開始注意股價將到低點，可以伺機買進。

　　通常可轉債「轉換基準日」的前幾天會是股價的低點，而信邦可轉債的轉換基準日是6月1日，之前5天的5月23日，股價跌到70.6元。

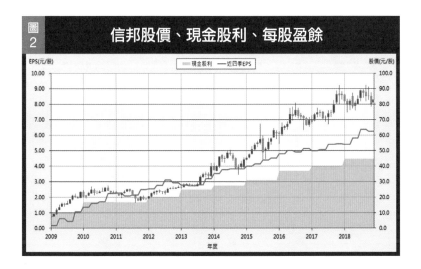

圖2 信邦股價、現金股利、每股盈餘

　　截至2017年第1季為止,信邦近4季每股盈餘為5元,股價70元的本益比約14倍。如果你認為信邦這種成長型的公司,本益比14倍是合理的,就可以逢低買進。

　　為何轉換基準日前幾天通常是股價的相對低點?因為轉換的基準價格通常從基準日的前1個營業日、前3個營業日、前5個營業日的股價平均數,擇一做為轉換的基準價格,再乘以1%至15%的溢價,當成轉換價格。

　　為了提高可轉債投資人買進的動機,公司願意讓可轉債的持有者轉換更多股票,獲利更多。而當轉換價格較低時,可轉債可以轉換更多的股數的股票,所以在轉換基準日前,股價通常會在相對低檔。除了轉換基準日,可轉債的第2個重要日期是轉換期間

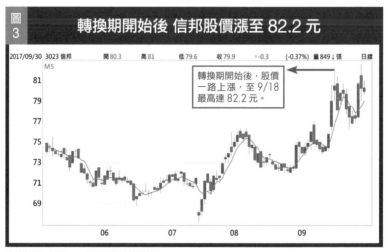

圖3 **轉換期開始後 信邦股價漲至 82.2 元**

2017/09/30 3023 信邦　　開 80.3　　高 81　　低 79.6　　收 79.9　　▽ -0.3　　(-0.37%) 量 849↓張　　日線

轉換期開始後，股價
一路上漲，至 9/18
最高達 82.2 元。

資料來源：CMoney法人投資決策系統

的開始日。

　　信邦的可轉債發行價格是102元，如果將轉換價格設在相對高點，讓可轉債無法轉換股票，或轉換無利可圖，到期後公司以面額100元贖回。公司不但在發行期間可以免費使用無利息或極低利率的資金，到期還能以面額贖回，賺取溢價差額。

　　但公司發行可轉債，通常是想讓持有人轉換成普通股，以增加公司自有資本，而不是要另外籌一筆錢來償還這筆債務。為了讓可轉債持有人願意換股，通常在轉換期開始後，會讓股價維持在轉換價格之上，例如信邦的轉換價格是76.6元，而開始轉換期間為發行滿3個月的9月9日，如果在9月9日以後，股價維持在76.6元以上，就會吸引可轉債持有者進行轉換。

所以想靠信邦可轉債套利的股票投資者，5月用71.3元的價格買進以後，股價都未再大跌，等於買在相對低檔的位置，相當安全。而到了可轉換日9月9日之後的9月18日，股價最高漲到82.2元，已有近11元的價差。即使股價沒漲，套利失敗，也可以領取4元以上的股息，殖利率也遠高於定存。

　　那麼，投資人到底要不要賣股，賺取近11元的價差呢？

▶靠可轉債套利 何時該獲利了結？

後續發展

如果你是奉行「事件投資法」（買進短期內有影響價格事件的個股）的投資人，以71元買進，持有至82元，賺了11元價差，加3.7元的股息，共獲利14.7元，其實可以獲利了結，總報酬率為24%。

圖4　信邦發行可轉債後 獲利未被稀釋

信邦電子股份有限公司及子公司
合併綜合損益表
民國一〇六年及一〇五年七月一日至九月三十日暨一〇六年及一〇五年一月一日至九月三十日
（僅經核閱，未經會計師查核）

代碼		附註	一〇六年七月一日至九月三十日 金額	%	一〇五年七月一日至九月三十日 金額	%	一〇六年一月一日至九月三十日 金額	%
4000	營業收入	四・六.17及七	$3,506,985	100	$3,231,544	100	$10,052,043	100
5000	營業成本	六.18及七	(2,631,505)	(75)	(2,457,300)	(76)	(7,528,203)	(75)
5950	營業毛利淨額		875,480	25	774,244	24	2,523,840	25
6000	營業費用	六.18及七						
6100	推銷費用		(167,175)	(5)	(170,163)	(5)	(511,598)	(5)
6200	管理費用		(152,724)	(4)	(136,712)	(4)	(479,739)	(5)
6300	研究發展費用		(120,775)	(3)	(96,767)	(3)	(336,333)	(3)
	營業費用合計		(440,674)	(12)	(403,642)	(12)	(1,327,670)	(13)
6900	營業利益		434,806	13	370,602	12	1,196,170	12
7000	營業外收入及支出	六.19						
7010	其他收入		47,120	1	62,226	2	205,270	2
7020	其他利益及損失		(35,657)	(1)	(52,730)	(2)	(104,726)	(1)
7050	財務成本		(7,321)		(6,556)		(18,069)	
7060	採用權益法認列之關聯企業及合資損益之份額	四及六.8	22,323		19,853		36,692	
	營業外收入及支出合計		26,465		22,793		119,167	1
7900	稅前淨利		461,271	13	393,395	12	1,315,337	13
7950	所得稅費用	四及六.21	(107,547)	(3)	(97,057)	(3)	(332,038)	(3)
8200	本期淨利		353,724	10	296,338	9	983,299	10
8300	其他綜合損益	六.20						
8360	後續可能重分類至損益之項目							
8361	國外營運機構財務報表換算之兌換差額		353,724		296,338		(123,265)	(1)
8362	備供出售金融資產未實現評價損益		25,001				20,952	
8370	採用權益法認列列關聯企業及合資之其他綜合損益之份額-可能重分類至損益之項目		7,534		(2,461)		8,596	
8399	與其他綜合損益組成部分相關之所得稅		(10,918)		26,933	1	19,754	
8300	本期其他綜合損益（稅後淨額）		88,280	3	(137,037)	(4)	(73,963)	(1)
8500	本期綜合損益總額		$442,004	13	$159,301	5	$909,336	9
8600	淨利歸屬於：	四及六.22						
8610	母公司業主		350,914		294,197		973,012	
8620	非控制權益		2,810		2,141		10,287	
			$353,724		$296,338		$983,299	
8700	綜合損益總額歸屬於：							
8710	母公司業主		$440,329		$158,289		$902,542	
8720	非控制權益		1,675		1,012		6,794	
			$442,004		$159,301		$909,336	
	每股盈餘(元)	四及六.22						
9750	基本每股盈餘		$1.56		$1.31		$4.32	
9850	稀釋每股盈餘		$1.52		$1.31		$4.27	

（請參閱合併財務報表附註）

不過，信邦發行可轉債後，每股盈餘未被稀釋，而且營收、淨
利持續成長。從圖4可以看出，2017（民國106）年第3季的淨利
為3.5億元，比前一年同期的2.9億元成長，每股盈餘1.56元，也
超過前一年的1.31元。

如果你買進一家營收和獲利持續成長的公司，而且每股盈餘也
未被稀釋，不妨一直持有，享受公司經營的果實。從圖5可以看
到，信邦股價到了2019年已漲至近140元，這3年還可分別拿到
3.7、4、4.48元的股息。不論你是事件投資法的投資人，或長
期持有的投資人，找到一家持續成長的公司，在股價相對低檔買
進，都是正確的決策。

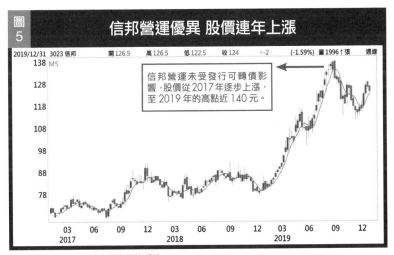

圖5　信邦營運優異 股價連年上漲

信邦營運未受發行可轉債影響，股價從2017年逐步上漲，至2019年的高點近140元。

資料來源：CMoney法人投資決策系統

發債後獲利成長
股價有上漲潛力

發行可轉債的公司通常會讓轉換價格維持在相對低價，讓可轉債持有者可以轉換更多普通股，所以轉換基準日前幾天的股價通常位於相對低點。然後為了引導可轉債的持有者轉換股票，在轉換期開始後，通常會讓股價維持在相對高點，讓可轉債持有者換股獲利。到了可轉債已經轉換得差不多後，操盤者就沒有讓股價維持在高點的動機，股價可能會由高點下跌。

以上是投資可轉債可能發生的情節，但公司發行可轉債，其實是改善財務結構的理財行為，引導可轉債持有

者轉換成普通股，以提高自有資本。發行可轉債比現金增資更有彈性，不會讓股本膨脹太快，造成每股盈餘快速被稀釋，也讓投資人有更多選擇，可選擇轉換或不轉換，是公司與股東都很喜歡的籌資方式。

⑤ 獲利不增反減 盡快與它分手

你買進某檔個股後，公司發行可轉債，該如何應對呢？此時要回到基本分析，如果公司藉著發行可轉債取得資金，讓獲利成長，而且獲利成長遠高於可轉債發行造成的每股盈餘稀釋，就可以繼續持有。

如果公司每次發行可轉債都造成每股盈餘被稀釋，但獲利並未因此成長，甚至衰退，這種公司的股票就要採用上述的套利模式，不要再與它糾纏下去。

很多投資人不喜歡公司現金增資或發行可轉債，因為這些籌資行為會稀釋公司的每股盈餘，進而使股價下滑。然而公司營業規模成長，勢必需要資金，如果這些資金都是從銀行貸款而來，也不理想，因為那會使財務結構惡化。難道發行可轉債或現金增資的公司，都不值

得投資嗎？

　以信邦為例，公司過去幾次發行可轉債，並沒有稀釋每股盈餘，顯示獲利成長的速度，高於可轉債轉換增加的普通股股數，顯示這些籌措到的資金，可以創造出超額的報酬。

　信邦的每股盈餘由 2013 年的 3.2 元，一路成長到 2019 年的 7.47 元，股息也由 2013 年的 2.5 元，提高到 2019 年的 5.3 元。發行可轉債後，獲利和股息都持續成長的公司，股票投資人其實不用太早下車。

NOTES

決勝股市關鍵**16**招

作者：薛兆亨、Tivo168

總編輯：賴盟政
責任編輯：師慧君、周明芳、王怡雯
美術設計：蘇月秋

董事長：李岳能
發行：金尉股份有限公司
地址：新北市板橋區文化路一段268號20樓之2
電話：02-2258-5388
傳真：02-2258-5366
讀者信箱：service@berich.net.tw
網址：www.moneynet.com.tw

印刷：科樂印刷事業股份有限公司
總經銷：聯合發行股份有限公司

初版1刷：2021年7月

定價：360元

國家圖書館出版品預行編目（CIP）資料

決勝股市關鍵16招 / 薛兆亨, Tivo168合
著 . – 初版 . – 新北市：金尉股份有限公司,
2021.07 208 面；17×23 公分
ISBN 978-986-97390-9-2（平裝）

1. 股票投資 2. 投資技術 3. 投資分析

563.53 110009488

Money錢

Money錢